CIELOS ABIERTOS

CIELOS ABIERTOS

Posiciónese para encontrarse
con el Dios del avivamiento

BILL JOHNSON

DEDICATORIA

DEDICO este libro a Bethel Music, las aproximadamente 120 personas que se han comprometido a la excelencia y la belleza en el privilegio de la adoración privada y corporativa. Una y otra vez han tocado el corazón de Dios, lo han revelado en el canto, y han dejado huella en el curso de la historia de la Iglesia. Les doy las gracias. Y a Brian y Jenn Johnson, y Joel Taylor y los innumerables otros que sirven detrás de las escenas, les doy las gracias por dirigir este ministerio de una manera que está arraigada en la iglesia local, pero que siempre tiene a la Iglesia global en cuenta. Por ésta y muchas otras razones, les dedico este libro, Y que el Dios de Avivamiento, de quién ustedes han escrito tan poderosamente, nos visite una vez más y nos lleve más allá de nuestros sueños más locos.

RECONOCIMIENTOS

QUIERO darle las gracias a Larry Sparks por siempre creer en mí como escritor. Has sido un gran estímulo y fortaleza para mí. También le quiero dar las gracias a mi secretaria Kelsey King y a la bibliotecaria Heidi Addy por hacer investigaciones para mí, y a mi asistente personal Michael Van Tinteren por siempre ayudarme a tener éxito en lo que yo esté haciendo en ese momento. Y a Pam Spinosi; eres una ayuda increíble para refinar el libro por medio de tus ediciones y sugerencias. Es mejor gracias a ti.

DESTINY IMAGE® PUBLISHERS, INC.

P.O. Box 310, Shippensburg, PA 17257-0310

"Promoviendo vidas inspiradas."

Este libro y todos los demás libros de Destiny Image y Destiny Image Fiction están disponibles en librerías y distribuidoras cristianas en todo el mundo.

Diseño de cubierta por Christian Rafetto

Para más información acerca de distribuidoras extranjeras, llame al 717-532-3040.

Conéctese con nosotros en el Internet: www.destinyimage.com.

ISBN 13 TP: 978-0-7684-5769-8

ISBN 13 eBook: 978-0-7684-5767-4

ISBN 13 HC: 978-0-7684-5766-7

ISBN 13 LP: 978-0-7684-5768-1

For Worldwide Distribution.

1 2 3 4 5 6 7 8 / 25 24 23 22 21

CONTENTS

PREFACIO

por Daniel Kolenda

ME imagino que todos pueden comprender por qué nunca quieres ser la persona que comparte en un congreso después de Bill Johnson. Es muy difícil de igualar. Pero esa era la situación en la que me encontré la primera vez que nos conocimos. Mientras lo escuchaba enseñar, me quedé maravillado por la sabiduría en sus palabras y la manera tan agradable en que se relacionaba con cada persona. Yo estaba seguro de que esa misma noche se subiría a un avión para volar a su próxima conferencia. Eso es lo normal para conferencistas—especialmente los que son tan buscados como lo es Bill Johnson. Para mi sorpresa, el siguiente día, cuando comencé a predicar, él estaba allí sentado escuchándome. No solo eso, estaba tomando apuntes. Eso no fue todo. estaba diciendo "¡amén" y animándome mientras yo compartía. Estoy bastante seguro de que no dije nada que fuera nuevo para él. Él no me conocía y no tenía razón para ser tan amable. Pero vi en él el corazón de un padre—tierno, genuino, y generoso con sus palabras de ánimo. Me impactó su humildad, a pesar de su tremendo prestigio en el Cuerpo de Cristo. Lo he amado y honrado desde entonces.

Esto es lo que viene a mi mente cuando pienso en Bill Johnson—él es un verdadero padre de la fe en nuestra generación. Más específicamente,

Bill es un verdadero padre de fe del *avivamiento*. No solo ha experimentado avivamiento en su propia iglesia y ministerio por muchos años, sino ha acumulado sabiduría bíblica y profunda en cuanto a cómo sostenerlo. Pero todavía tiene hambre de más; anhela que las expresiones más completas del avivamiento vengan a la Iglesia y al mundo. De eso se trata este libro. Viene del anhelo de Bill por la gloria de Dios en la tierra así como en el Cielo. Pero también viene de su posición altamente experimentada en el Cuerpo para guiar como padre a la próxima generación en la gloria.

Cielos Abiertos es como un archivo de computadora comprimido, que ha condensado cantidades masivas de información tras muchos años de experiencia en forma de prosa apretada y lúcida. Pero una vez que abrimos el archivo—una vez que echamos mano del escrito sencillo pero tan profundo de Bill sobre el tema—rinde una cantidad masiva de sabiduría espiritual para nuestro futuro. Bill nunca diría que ha llegado a su cima, (un punto que él resalta en el libro). Pero es extraordinariamente calificado para hablar con autoridad sobre el tema. Y como un miembro de la próxima generación, estoy agradecido de que él nos haya pasado este conocimiento.

Una de las cosas que me impactó de la manera más profunda en este libro es la franqueza con la que Bill compartió el precio que él pagó por el avivamiento. Sus historias, acompañadas de candidez vulnerable, ofrecen estímulo y consejos prácticos en cuanto a cómo enfrentar el temor del hombre, a la vez que están avivando las llamas más pequeñas hasta que lleguen a ser grandes fuegos. Bill no se anda con rodeos, sino que francamente explica que el avivamiento es costoso, impredecible, y a veces, impopular. Pero él continúa, lleno de gracia y ternura sin juicio. Sus ilustraciones personales son enormemente identificables y servirán para inspirar y empoderar. Esa es la belleza de este libro. Se trata de algo profundamente espiritual, pero es práctico y con los pies en la tierra. Lo cual es el punto: "en la *tierra* así como en el Cielo". A través de todo, y sin negar el dolor, Bill nos ayuda a ver que el sacrificio por el avivamiento no se puede comparar con sus recompensas.

A mi manera de ver, en este libro, un padre de fe del avivamiento entrega a mi generación tres regalos. El primero es una clara *definición* de avivamiento que podemos entender y perseguir con pasión. Segundo, una *carga por sostener* el avivamiento. Y finalmente, una clara visión del *objetivo* de Dios para el avivamiento: impacto de largo alcance sobre nuestras ciudades y nuestra cultura. Y la intención de Dios es que la gloria se desborde de una Iglesia avivada a las calles de nuestras ciudades, estructuras societarias, grupos étnicos, esferas de influencia y arte. Independientemente de sus perspectivas escatológicas particulares, todos podemos abrazar el punto principal de Bill. El avivamiento no es solo para la iglesia, es para que el mundo vea y experimente la gloria de Dios.

Así que, si anhelas avivamiento, o deseas entender su propósito, lee este libro cuidadosamente. Recibe sus instrucciones con humildad y su impartición con celo. Tomemos la antorcha de padres como Bill Johnson para que podamos correr la carrera aun más lejos en la pista—y luego pasar una antorcha todavía más luminosa a la generación después de nosotros.

—**Daniel Kolenda**
Presidente de Cristo para Todas las Naciones

PREFACIO

por Lou Engle

H E escrito muchos prólogos en mi vida y ha sido muy gratificante y un gran gozo hacerlo. Me siento profundamente
honrado al escribir este prólogo para *Cielos Abiertos* por el
amigo de Dios y nuestro amigo, Bill Johnson. Sin embargo, este es un
tanto más desafiante porque Bill habla de cosas de maravilla, cosas que
he vislumbrado y experimentado en medida pero que todavía siento que
solo he visto a través de un espejo, oscuramente. El apóstol Juan escribió,
"Lo que ha sido desde el principio, lo que hemos oído, lo que hemos visto
con nuestros propios ojos, lo que hemos contemplado, lo que hemos
tocado con las manos, esto les anunciamos respecto al Verbo que es vida".

A mi parecer, Bill Johnson escribe como Juan el Amado. Ambos han
visto algo y tocado algo del Hombre Celestial que el hombre natural no
fácilmente comprende, porque estas cosas se disciernen espiritualmente.
Ambos buscan formular conceptos celestiales en pensamientos y palabras
que nos ayudan a comprender. Creo que ambos anhelan que "subamos
acá" con ellos. En este libro, Bill habla de las cosas que ha visto en el avivamiento y que ha tocado en encuentros personales concernientes a la
Palabra de Vida. Estas son cosas que los ángeles añoran ver más profundamente y, honestamente, cosas que yo anhelo ver más profundo.

Bill nos llama a ir hacia adentro a la parte interior de nuestros propios corazones para ser escudriñados y conocidos y para que conozcamos la mente de Cristo. Nos atrae hacia las alturas a las realidades celestiales "que el ojo no ha visto ni el oído ha oído". Al leer, encuentro un estirar—estirar hacia arriba para tocar el rostro de Dios y atraer hacia abajo un avivamiento histórico. Yo y todo el cuerpo de Cristo estamos profundamente agradecidos por este hombre que nos llama hacia arriba al cielo y nos revela el cielo que ya está aquí en la tierra, la casa de realidades del *avivamiento*.

Así que, de algunas maneras, creo que no deberíamos de llamar esto un Prólogo. Más bien, es un llamado, una invitación hacia arriba. ¿Por qué? Porque sé que este libro, en sí, será una escalera por la cual miles ascenderán a una visión celestial, una comprensión celestial y hambre celestial, por la cual el cielo invadirá la tierra. Es un llamado a ascender porque estos escritos, que combinan pensamientos espirituales con palabras espirituales y describen verdaderas maravillas del avivamiento, pueden romper la atracción gravitacional sobre una humanidad terrenal y darnos alas para ascender y tener un encuentro cara-a-cara personal y corporal en *avivamiento*.

En enero de 2018, pasé un mes en un lugar muy aislado en la parte más sur de Hawái. Estaba buscando a Dios y ayunando, salvo por unos cuantos aguacates Hawaianos y esos pequeños bananos que saben a dulce. ¡Eso sí que es un ayuno celestial! Durante mi estancia, me dieron un libro titulado *Cara a Cara con Dios,* por Bill Johnson, el cual leí en un pequeño cuarto de oración en una iglesia de las Asambleas de Dios. Bill escribió de su travesía personal de hambre y búsqueda por un encuentro cara-a-cara con Dios. Llamó esa búsqueda la "Búsqueda Máxima". Leí de sus meses de anhelo voraz y búsqueda apasionada por ese encuentro cara-a-cara. Luego vino la visitación que él tanto había anhelado—¡Dios vino! Dios lo tomó, lo sacudió y lo reajustó. Quizá un tanto parecido a Jacob, quien se encontró con Dios cara a cara y terminó con una cojera. Al leer el libro, quedé desgarrado en mi interior. Yo quiero un encuentro así. Al menos eso pienso. Bill dijo que esta búsqueda es una invitación de venir y morir. Creo que yo nunca antes había pensado que la búsqueda máxima era un encuentro cara-a-cara con Dios. Oh, sí, por 45 años sin duda he añorado un encuentro espiritual, pero no estaba totalmente suscrito a las palabras de ese gran himno:

No pido un sueño, ni éxtasis de profeta

Ni que el velo de barro repentinamente se rasgue,

ni un ángel visitante, ni que los cielos se abran

sino quita la oscuridad de mi alma

No, yo sí pedía sueños, y éxtasis de profeta. Pero de algunas maneras en mi búsqueda de Dios, yo posiblemente había dejado a un lado la expectativa de que en verdad podría ver a Jesús cara a cara o experimentar la clase de bautismo poderoso del cual he leído y escuchado. Bill habla de una dimensión del rostro de Dios como Su favor. Yo he conocido gran favor, pero, ¿que un encuentro cara a cara sea la búsqueda máxima? El libro sacudió mi paradigma. Me di cuenta de que mucha de mi búsqueda era más bien lo que llamaría una "búsqueda de visión". Y oh, he estado en esa búsqueda. *"Muéstrame tu visión para mi vida. Abre el libro de mi vida. Toma mi vida y haz que sea extraordinaria. Envía avivamiento. ¡Haz que los Estados Unidos vuelva a Dios!"* Oh, qué búsqueda más maravillosa y asombrosa, pero no es la búsqueda máxima. ¡Muéstrame tu rostro! ¡Muéstrame tu gloria!

Esta búsqueda está destinada a ser respondida. ¡Él viene donde es deseado! El libro *Cara a Cara con Dios* debe leerse junto con *Cielos Abiertos*. El primero es un sendero a un encuentro personal de cielo abierto, el segundo es una carretera imponente de destino que lleva a un verdadero avivamiento donde el rostro de Dios resplandece sobre un cierto lugar, cierta ciudad, o cierta nación, tomando el control.

En Génesis 28, leemos que Jacob llegó a un cierto lugar. Recostó su cabeza sobre una piedra y soñó con una escalera al cielo donde los ángeles ascendían y descendían. Allí, el Dios de sus padres habló. Llamó el lugar Betel. He ido a Bethel Church (Iglesia Betel) en Redding, California donde toma lugar mucho de lo que está descrito en este libro acerca del avivamiento. He estado allí varias veces, y frecuentemente he comentado que no hay ningún lugar, pienso, que se sienta más como el cielo que Bethel. Es que el nombre Betel es mucho más que un nombre bíblico bonito que se ha atribuido a una iglesia local. En este caso, Betel es realmente la descripción de lo que está pasando allí. La presencia está allí. La adoración nos lleva hasta el cielo. Allí, abundan los testimonios de sanidades físicas, sanidades de corazones y sanidades de familias y matrimonios.

Me encanta Génesis 28 donde, una y otra vez, habla de Betel como el lugar, *un cierto lugar*. En otras palabras, Betel era un lugar geográfico donde el velo entre el cielo y la tierra era muy fino. Era un lugar de aterrizaje para seres sobrenaturales; literalmente era una puerta del cielo, donde el cielo y la tierra llegan a ser uno en sueños y visiones y profecía. Hay cierto lugar en Redding que es así. En ocasiones una nube visible de gloria se puede ver allí. El cielo y la tierra han colisionado. Estoy seguro de que Bethel está insatisfecho con lo que han recibido. Se regocijan en ello, pero anhelan más. Este libro se trata de eso.

Pero ¿qué si todo lugar fuera un *cierto lugar*? ¿Qué si todo hogar tuviera un velo fino? ¿Qué si ciudades enteras llegaran a ser Beteles? Pues, esta historia es así. El testimonio del avivamiento de Betel, con sus pruebas y tribulaciones, en realidad es un camino a tales alturas. Este libro no es un acceso fácil a alguna Tierra Prometida. No, es un llamado a la santidad y oración. Este libro revela los caminos antiguos que nuestros padres de avivamiento de tiempos pasados caminaron y que ahora, nos llaman, desde la nube, a caminar otra vez. Es un sendero pedregoso de pies ensangrentados, pero oh, la gloria.

Muchos personas que lean este libro posiblemente digan, "¡Tengo que irme a vivir allí!" Y muchos lo han hecho. Yo mismo lo he considerado. Pero posiblemente el cielo sea donde tú vives, y este libro es tu llamado a tocar ese cielo y revelarlo en *tu* cierto lugar. Posiblemente sea mejor que un libro esparza su semilla a lo largo y ancho, para que el hambre que se posesionó de Bill y un pequeño grupo de personas pueda ser un hambre que se extiende, y que se está extendiendo, por todo el mundo. Posiblemente todo lugar será cierto lugar, porque ¿no es esta la promesa? "Pero ciertamente, vivo Yo, que toda la tierra será llena de la gloria del Señor".

Creo que este libro será un verdadero instrumento de avivamiento—la llegada de Dios, si así lo quieres llamar. Y hombres y mujeres, iglesias, familias y comunidades serán las mismas escaleras en las que el cielo ascenderá y descenderá. Y allí, un hombre que está huyendo de su hermano que lo quiere matar se encontrará con el Dios del cielo, recibirá un cambio de nombre, y encontrará que el rostro de su hermano se convierte en el rostro de Dios.

Hace años escuché a Dick Eastman, uno de los grandes padres del avivamiento en la tierra, hablar acerca de cómo él carga una bolsa de semilla sobre su hombro. La semilla es hambre espiritual. Dondequiera que va, avienta esa semilla, y las personas se vuelven hambrientas por Dios. Creo que en este libro, Bill no meramente aventó algo de semilla, creo que aventó la bolsa completa. Y yo, al menos, quiero agarrar todos los granos que pueda.

—Lou Engle

INTRODUCCIÓN

CUANDO Larry Sparks de Destiny Image Publishing me pidió que escribiera un libro acerca del avivamiento, mi corazón dio un salto. Posiblemente me entenderás mejor si digo que estaba temerosamente emocionado. El avivamiento, y todo lo que tiene que ver con el mismo, es la carga y el sueño de mi corazón. Es por qué estoy vivo. Pero es, además, un tema muy santo para mí. No es un tema en el que puedo darme el lujo de interponer mis propias ideas, sin reconocer que estoy tomando un gran riesgo. Hay muy pocas cosas en la vida que son más aterradoras que representar mal a Dios. Así que, les ofrezco este libro como mi mejor esfuerzo para tocar y revelar el corazón de Dios para el planeta Tierra. Y como siempre, oro que sea para la gloria de Dios.

Capítulo Uno

CIELOS ABIERTOS: LA MÁXIMA REALIDAD

*Un avivamiento verdadero significa nada menos
que una revolución, echando fuera al espíritu de la
mundanalidad y el egoísmo, y causando que Dios y Su
amor triunfen en el corazón y la vida.*
ANDREW MURRAY

EL avivamiento continuo es para lo que nacimos. Y la maravillosa realidad del avivamiento continuo se encuentra en la presencia de Dios. Éste es el gran descubrimiento, la gran Aventura que solo se encuentra en la experiencia de un Cielo abierto. Verdaderamente, un Cielo abierto es nuestra herencia como creyentes.

El tema de un Cielo abierto aparece como una promesa en las Escrituras por medio de los profetas, y tenemos el mandato de que sea un objetivo en la oración. El Cielo abierto es donde el mundo perfecto de Dios de belleza, orden y propósito llena este mundo de manera tan completa, que se asemeja al Cielo en la eternidad, aunque todavía estamos aquí en el tiempo. Tal esperanza no es un deseo idealista o infundado de las personas ignorantes. Al contrario, viene con la convicción absoluta de que sí ocurrirá, tiene que ocurrir, y en cierto sentido, ya está al alcance en cierta medida. Todo incremento en el Reino viene a través de la mayordomía fiel de lo que ya se ha dado, y se nos ha dado mucho. Descubrir y utilizar el don de Dios de un Cielo abierto debe cambiar todo, y de hecho, lo hará.

Es importante ver que tener un Cielo abierto es idea de Dios; la voluntad de Dios. Como tal, es una asignación de oración para nosotros. Isaías declara que es un mandato en oración en Isaías 64:1. Jesús lo modeló con el Espíritu de Dios descansando sobre Él en forma de una paloma. Y luego Jesús nos lo dio a nosotros como una asignación de oración con la frase, *"en la tierra como es en el cielo"*. (Ver Mateo 6:10.). Su deseo es ver a Su mundo influir en todo lo que somos y en lo que hacemos. La combinación de oración y obediencia desata el Cielo sobre la tierra/Cielos abiertos. Esta realidad es abordada en parte por el fino velo que existe entre el reino de la eternidad y el tiempo, entre el Cielo y la tierra, que de alguna manera es accesible simplemente porque Él nos invita a entrar.

SEMILLAS DE PENSAMIENTO

Al abrir este libro con un tema tan singular, quiero plantar algunas cuantas semillas de pensamiento por medio de las siguientes Escrituras. Como es muy importante para Dios que experimentemos los Cielos abiertos, tiene que llegar a ser cada vez más importante para nosotros. Aunque las Escrituras abajo son un tanto aleatorias, y sin una orden en particular, cada una conlleva un pensamiento que revela el corazón de Dios para nosotros en este día actual de un *Cielo abierto*.

Traigan íntegro el diezmo para los fondos del templo, y así habrá alimento en mi casa. Pruébenme en esto —dice el

*Señor Todopoderoso—, **y vean si no abro las compuertas del cielo** y derramo sobre ustedes bendición hasta que sobre-abunde* (Malaquías 3:10 NVI).

Este pasaje de Malaquías vincula la apertura del reino celestial con la obediencia del pueblo de Dios. Interesantemente, esta manifestación de un Cielo abierto fue en respuesta al diezmo y la ofrenda, que es el lugar inicial de la buena mayordomía de dinero y recursos. Más tarde, Jesús nos enseñó que la fidelidad con el dinero nos califica para reci-bir verdaderas riquezas. (Ver Lucas 16:11.) Las riquezas que Jesús estaba prometiendo no eran más dinero. Sus riquezas son los tesoros de un reino celestial, un reino que nos es disponible ahora mismo para impregnar e influir en nuestras vidas. Trato con este tema más a fondo más adelante.

*Después de esto miré, y vi una **puerta abierta** en el cielo. Y la primera voz que yo había oído, como sonido de trompeta que hablaba conmigo, decía: "Sube acá y te mostraré las cosas que deben suceder después de estas". Al instante estaba yo en el Espíritu, y vi un trono colocado en el cielo, y a Uno sentado en el trono* (Apocalipsis 4:1-2).

Me encanta este versículo de Apocalipsis porque habla del deseo de Dios por nosotros, lo cual se revela en Su invitación, *"Sube acá"*. Ese Cielo abierto estaba allí para permitir que Juan viera lo que tiene que ocurrir en el futuro. El punto es, los Cielos abiertos nos dan un punto de obser-vación singular desde el cual ver. La percepción es más clara en la esfera Celestial. Todos ven mejor y piensan con más claridad en ese ambiente del cielo.

*Aconteció en aquellos días, que Jesús vino de Nazaret de Galilea, y fue bautizado por Juan en el Jordán. Y luego, cuando subía del agua, **vio abrirse los cielos**, y al Espíritu como paloma que descendía sobre él. Y vino una voz de los cielos que decía: Tú eres mi Hijo amado; en ti tengo complacencia"* (Marcos 1:9-11 RVR60).

Este es uno de dos versículos principales que estaremos viendo más adelante en este capítulo. Los Cielos se abrieron en respuesta a la obediencia de Jesús cuando fue bautizado en agua por Juan. Era un bautismo de arrepentimiento. Y Jesús no tenía nada por la cual arrepentirse. Éste fue su papel de intercesor, al identificarse con nosotros y nuestra necesidad del bautismo de arrepentimiento.

Varios otros pasajes dan luz en cuanto a la claridad que viene a través de los Cielos abiertos:

*Pero Esteban, lleno del Espíritu Santo, fijos los ojos en el cielo, vio la gloria de Dios y a Jesús de pie a la diestra de Dios; y dijo: "Veo los **cielos abiertos**, y al Hijo del Hombre de pie a la diestra de Dios* (Hechos 7:55-56).

Este relato asombroso es de Esteban cuando fue martirizado por su fe. Jesús, que está *"a la diestra"* del Padre, está de pie en esta historia. Jesús se puso de pie para honrar y darle la bienvenida al primer mártir de la Iglesia. El punto se vuelve más claro: Cielos abiertos dan una percepción mayor y más clara de la máxima realidad. Y no ver a Jesús en el trono, y no vivir conscientes de esa realidad, siempre causará que seamos más conscientes de realidades inferiores.

Y tuvo gran hambre, y quiso comer; pero mientras le prepara-
*ban algo, le sobrevino un éxtasis; **y vio el cielo abierto**, y que*
descendía algo semejante a un gran lienzo, que atado de las
cuatro puntas era bajado a la tierra; en el cual había de todos
los cuadrúpedos terrestres y reptiles y aves del cielo. Y le vino
una voz: Levántate, Pedro, mata y come (Hechos 10:10-13
RVR60).

Pedro tuvo una experiencia muy inusual, de la cual se habla en este
pasaje. Los Cielos abrieron para que él pudiera ver lo que él debía hacer:
comer lo que, según la Ley Judía, era inmundo. El Cielo abierto fue una
experiencia mucho mayor que meramente tener una impresión sutil en el
corazón. Dios a veces aumentará la medida de nuestra experiencia porque
conoce nuestra habilidad para olvidar o aun descontar lo que Él ha dicho.
Este mandato fue mucho más que un mandato alimenticio. Por medio de
éste, Pedro adquiriría una perspectiva adicional al ajuste teológico que era
tan necesario para acoger a los gentiles en la Iglesia.

*Oh, **si rompieses los cielos**, y descendieras, y a tu presencia se*
escurriesen los montes, (Isaías 64:1 RVR60).

Este será el Segundo pasaje con el cual este capítulo tratará. Fue tanto
una oración y una profecía acerca de un Cielo abierto. Cuando Él *rompe*
los cielos, Él viene.

ACTOS VIOLENTOS DE DIOS

Hay muchos actos de Dios que podríamos considerar violentos. El
Antiguo Testamento especialmente está en sintonía con tales cosas—el

partir del Mar Rojo, el juicio que cayó sobre Sodoma y Gomorra, los relámpagos y truenos en el monte cuando Moisés visitó con Dios. Todos estos, y muchos más, podrían caer dentro de esa categoría. Pero hay un hecho bíblico violento que supera a todos a mi parecer. Fue la experiencia en el Nuevo Testamento cuando Jesús se bautizó en agua.

Repitamos el versículo que ya mencionamos arriba.

> *Aconteció en aquellos días, que Jesús vino de Nazaret de Galilea, y fue bautizado por Juan en el Jordán. Y luego, cuando subía del agua, **vio abrirse los cielos**, y al Espíritu como paloma que descendía sobre él. Y vino una voz de los cielos que decía: Tú eres mi Hijo amado; en ti tengo complacencia"* (Marcos 1:9-11).

El propósito principal de este capítulo se encuentra en la frase, *abrirse los Cielos*. En el idioma original, la palabra abrirse significa "romperse" "partirse en dos", o "rasgar". Es un acto violento.

La naturaleza de esta palabra que se usa para describir el bautismo en agua de Jesús se demuestra más cuando aparece en este versículo de Mateo 27:51 a la muerte de Cristo, *"Y he aquí, el velo del templo se **rasgó** en dos, de arriba abajo; y la tierra tembló, y las rocas se **partieron**"*. Este fue un momento espiritualmente intenso ya que el Hijo de Dios acababa de ser crucificado, y todo en el tiempo y la eternidad se vio afectado. El velo en el templo se rasgó de arriba abajo. Desde el lado de Dios hasta el nuestro. Él es quien destruyó lo que nos separa de Él (esto se logró por medio del sacrificio de sangre del Cordero de Dios) y lo demostró al rasgarse el velo. La segunda palabra resaltada en este versículo es la palabra partieron. La palabra usada tanto para *rasgarse* como *partieron* es la misma palabra que se usó en el bautismo de agua de Jesús. Conlleva una demostración aun mayor de violencia, en que, junto con el hecho de que el velo fuera rasgado, rocas grandes simplemente se partieron. ¡Rocas! Fueron partidas. Por la naturaleza de la palabra usada, podemos ver que el Cielo abierto sobre Jesús en Su bautismo no fue simplemente que las nubes se partieran. El simple hecho de que esto fuera un acto violento implica que hubo resistencia, o un poder ya existente allí. Fue necesario romper las tinieblas espirituales. Creo que había un espíritu demoniaco que estaba trabajando para mantener a las personas en ceguera espiritual. Pero Jesús era y es la luz que vino para alumbrar a toda persona nacida en el mundo (ver Juan 1:9). Y en Su bautismo en agua, los Cielos fueron abiertos (¡rasgados!) y bajó el Espíritu Santo. Piensa en ello, el maravilloso Espíritu Santo bajó, a través de los Cielos abiertos, y descansó sobre Jesús. Y nunca lo abandonó.

En resumen, un Cielo abierto tiene todo que ver con la presencia de Dios: ver, entender, encontrar y percibir las realidades que las circunstancias negarían, participar en mayores realidades, y asociarse con Él para ver que venga la abundancia de Su mundo y llene el nuestro.

DIOS CONTESTA LA ORACIÓN

El segundo versículo que quisiera resaltar de la lista arriba es Isaías 64:1: *"Oh, **si rompieses los cielos**, y descendieras, y a tu presencia se escurriesen los montes".* Estamos tan acostumbrados a leer profecías que todavía necesitan cumplirse, que con demasiada frecuencia vivimos sin estar conscientes de lo que ya se ha cumplido. Estas promesas cumplidas nos permiten cumplir con nuestra asignación y nuestro destino. Y este versículo, para mí, es una promesa importante para recordar.

En el relato del bautismo en agua de Jesús según Marcos 1, vemos a Dios cumplir la profecía, y a la misma vez contestar la oración intercesora de Isaías, *"si rompieses los cielos y descendieras"*. Eso es precisamente, palabra por palabra, lo que ocurrió en este momento. La obediencia de Jesús trajo consigo un Cielo abierto, por medio del cual el Espíritu de Dios descendió y descansó sobre Él. Los cielos estaban rasgados, y Él vino, lo cual era esencial por el hecho de que era el Espíritu Santo quien permitía a Jesús ver y hacer lo que el Padre estaba haciendo. Él era fundamental para todo lo que Jesús estaba asignado a hacer.

Funcionamos con la comprensión de que se mencionan en las Escrituras cuando menos tres esferas del Cielo. Menciono estos para señalar que es vital recordar que los poderes de las tinieblas nunca podrán impedir o interrumpir lo que Dios hace en el Cielo, que es la esfera de Su gobierno imperturbado. Mientras que Él ciertamente es Señor sobre todo, Él ha permitido que la influencia de la humanidad desempeñe un papel en nuestro mundo. Él está a cargo, pero ha optado por no controlar las decisiones que tomamos.

- *Primer Cielo*: Es la esfera en la que vivimos día a día. Es todo lo que es terrenal y lo que se ve con el ojo natural.

- *Segundo Cielo*: Es la esfera de ángeles y demonios. Es espiritual e invisible para el ojo natural, pero no es la esfera del Cielo mismo.

- *Tercer Cielo*: Es la esfera del Cielo mismo, donde está el trono de Dios. Todo en esta esfera es perfecto y maravilloso bajo Su dominio y gobierno. La justicia, la paz y el gozo son influencias prevalecientes, ya que todo lo que existe encuentra su destino y cumplimiento en Su diseño.

Un Cielo abierto pone a disposición lo que existe en la esfera perfecta de Dios para influir y dar forma al primer Cielo, donde vivimos, sin la interferencia de la segunda esfera.

REALIDADES EN CONFLICTO

El Espíritu Santo, quien vive dentro de cada creyente, vino a través de un Cielo abierto, de la misma manera en que ocurrió con Jesús. Santiago habla del Padre y de Su corazón por el Espíritu Santo: *"El Espíritu que él ha hecho morar en nosotros nos anhela celosamente..."* (Santiago 4:5). Así que veamos la realidad mayor: El Espíritu Santo vino a nosotros por medio de un Cielo abierto. Y es el Padre quien anhela comunión con el Espíritu que mora en nosotros. Mi pregunta es ésta: ¿Qué poder de las tinieblas puede impedir la comunión del Padre con el Espíritu? Ninguno. Absolutamente ninguno. La implicación es que como creyentes, vivimos bajo un Cielo abierto. Nuestro problema no es que necesitemos que Dios haga algo además de lo que ya ha ocurrido; nuestro problema es que vivimos inconscientes de lo que Él ya ha hecho por nosotros, y cómo nos ha diseñado a vivir como resultado.

Vivimos en un mundo espiritual con luz y tinieblas, el bien y el mal, y las fuerzas espirituales de la iniquidad que trabajan para interferir con lo que Dios está diciendo y haciendo. Pero permíteme dejar algo muy claro; no hay una batalla entre Dios y Satanás. Dios es poder infinito. El diablo es un ser creado y es extremadamente limitado, especialmente al compararlo con Dios mismo. La imagen que algunos han creado de esta gran guerra entre Dios y el diablo es una broma. Una broma muy, muy triste. Ni siquiera sería un concurso en lo más mínimo. La guerra fue entre el diablo y los seres creados a la imagen de Dios: la humanidad. Cuando cedimos nuestro derecho y responsabilidad por medio del pecado, Jesús se convirtió en hombre y totalmente venció al diablo por medio de Su muerte y resurrección en lugar nuestro. Su victoria llegó a ser nuestra victoria. Así que, ahora, en Su nombre tenemos el derecho y la responsabilidad de pisotear los poderes de las tinieblas y exhibir la belleza del plan original de Dios: derrotar los poderes de las tinieblas por medio de aquellos que han sido hechos a Su imagen.

Nuestro problema radica en nuestra tendencia de vivir conscientes de lo que el diablo ha hecho y está haciendo y luego reaccionar a ello. Jesús, por otro lado, vivía en respuesta al Padre. Él estableció el patrón que podemos y debemos seguir. En segundo lugar, siempre reflejamos la naturaleza del mundo del cual estamos más conscientes. Si el mundo en nuestro derredor es uno de caos, confusión, pecado e incredulidad, y esta realidad es la que ha captado nuestra atención, esto se mostrará en nuestro semblante. Por otro lado, si vivimos conscientes del Cielo abierto al cual Él nos ha dado acceso, reflejaremos la naturaleza de este mundo en nuestro semblante. Creo que la oración por el favor del semblante de Dios sobre nosotros es en realidad una oración de que seamos más conscientes de Su mundo que de cualquier otro. (Ver Salmo 67:1 y Números 6:24-26). Ésta es la vida bendecida de un creyente.

¿QUIÉN ESTÁ ESPERANDO A QUIÉN?

Muchas veces esperamos a que Dios actúe, cuando Él de hecho está esperando que nosotros creamos Su Palabra y vivamos plenamente en lo que Él ha provisto para nosotros. Él espera que actuemos por fe en lo que Él ha hecho y prometido. Posiblemente ésta sea la razón por qué nos instruye: «*Buscad las cosas de arriba, donde está Cristo sentado a la diestra de Dios*" (Colosenses 3:1). Una mente que está enfocada en las cosas de arriba, donde Cristo está sentado, testifica de un Cielo abierto. Es lo que Esteban vio en su experiencia de Cielo abierto en Hechos 7:55-56; fue marcada por la persona de Jesucristo y el trono de Dios. Se nos manda fijar nuestras mentes en esta realidad superior porque ese hecho por sí solo nos permite ver aquello en lo que hemos fijado nuestros ojos para ver, en toda obediencia a Él. Sin la consciencia del Cielo abierto, viviremos de una manera inferior a Su diseño y plan para nuestras vidas.

EL AVIVAMIENTO Y EL CIELO ABIERTO

El día de Pentecostés fue un día de experiencias de Cielo abierto. Su ebriedad no es una sorpresa para alguien que haya experimentado Su presencia sobrecogedora. Es verdaderamente embriagador. Te recuerdo que Pablo nos enseñó: "Y no se embriaguen con vino, en lo cual hay disolución, sino sean llenos del Espíritu" (Efesios 5:18). La comparación, aunque sea ofensiva para algunos, es comprensible para aquellos que han sido sobrecogidos por Su presencia manifiesta.

Siempre que el Espíritu Santo se derrama sobre las personas, es un detonante de avivamiento. Él lleva la esfera del Cielo y Él mismo es la expresión de ese mundo aquí en la tierra. Ese momento de derramamiento es lo que nos enciende e inicia en nuestro propósito divino; familiarizándonos con un arder que solo se encuentra en Su presencia.

> Los avivamientos son el mejor y más glorioso estado de la iglesia este lado del Cielo mismo.[1]

Esta declaración realmente es el estilo de vida máximo para la Iglesia aquí en la tierra. El avivamiento es la realidad del Cielo revelada a través de Su presencia manifiesta. El Cielo, revelado en el avivamiento, se da a conocer más claramente en el aquí y ahora.

---

1.   Simeon W. Harkey, *The Church's Best State or Constant Revivals of Religion* (Sydney: Wentworth Press, 2019), 78.

ETERNIDAD AHORA

El cielo es para lo que nacimos. La realidad de Su gobierno es el descubrimiento más maravilloso disponible para nosotros, ya que todo se encuentra en nuestro descubrimiento del gobernante. En otras palabras, nos encontramos con Su presencia manifiesta, y todo cambia. Ésta es la vida de aquellos que verdaderamente viven en un Cielo abierto, como todo se trata de Él. El avivamiento entonces se convierte en una forma de vida.

Capítulo Dos

MI TRAVESÍA PERSONAL

*El avivamiento es Dios revelándose a los hombres en
asombrosa santidad y poder irresistible.*
ARTHUR WALLIS

CUANDO le dije sí a Jesús, no fue parcial o condicional. No me agrada la calcomanía que se solía ver en los parachoques de los autos de los 70's, "Prueba a Jesús". Como nos decía Winkie Pratney, el gran maestro y mi amigo de Nueva Zelanda, "Jesús no está a prueba; nosotros lo estamos". Mi sí, fue uno de total abandono de mis metas, ambiciones, posesiones y derechos. Todo solo por seguirlo a Él. No fue descuidado, ni casual. Ahora puedo ver que Él me dio la gracia para ese momento como Su *sí* absoluto para mí llegó a ser mi *sí* absoluto para Él.

Ya han pasado casi 50 años desde que oré esa oración aterradora, "Dios, lo puedes tener todo". Aunque fui criado en la iglesia y crecí con una consciencia de Dios y Su amor por mí, lo que Dios me estaba pidiendo era diferente a lo que yo estaba acostumbrado. Yo sabía que esto significaba todo, que era algo que nunca podría considerar renegociar.

Esta travesía ha sido más satisfaciente y gratificante de lo que yo creía posible. También ha sido la más costosa de maneras que nunca cruzaron por mi mente. Pero mi elección de darlo todo y hacer todo se hizo hace mucho tiempo por Aquél que dio todo por mí.

Es importante saber que el precio que pagamos nunca es mayor a las bendiciones que recibimos. Su Reino no obra de esa manera. Sería insensato plantar un grano de maíz y esperar solo cosechar un grano de maíz como resultado. Ni siquiera la naturaleza nos permite pensar de tal manera. Así que, trato de vivir consciente de que toda pérdida es temporal y toda bendición es eterna.

LO QUE HE VISTO

Tengo que admitir que he visto más de lo que jamás pensé que vería. Nada lo he ganado por mi propia cuenta. Y aun cuando Él respondió a la gran fe de mi parte; fue Su regalo para mí. Todo es por gracia. Sin embargo, en otro sentido, he visto lo que está disponible en Cristo, y se siente como si yo apenas estuviera comenzando. He sido aprehendido por Dios para un propósito: avivamiento— el extravagante mover del Espíritu Santo. Y en respuesta, estoy aprehendiendo ese propósito a través de la fe que viene como resultado de la entrega total.

LA INVITACIÓN A COMPARTIR

En diciembre de 1995 me invitaron a compartir en Bethel Church, el lugar donde Beni y yo hemos estado por los últimos 25 años. Esta es la iglesia que nos había enviado 17 años antes a pastorear la iglesia de Mountain Chapel en Weaverville, California. Bethel era la iglesia madre.

El liderazgo de Bethel había visitado Mountain Chapel y había visto el mover de Dios que estábamos experimentando. Como su pastor recién se había ido, me habían pedido que yo regresara y tomara su lugar. Fui a compartir ese domingo de diciembre por la mañana para que las personas pudieran ver lo que estarían recibiendo si me traían como pastor. Durante mi mensaje les dije, "Yo nací para el avivamiento y no es negociable. Los avivamientos son muy desordenados. Si no lo quieren, no me quieren a mí". ¡La respuesta sobrecogedora fue que sí! Estaban hambrientos y tenían la esperanza de ver un gran mover de Dios en esta próxima temporada.

MI comentario de que el avivamiento no era negociable no fue tan brusco como parece aquí impreso. Pero tampoco hice tal declaración con el fin de promoverme e intentar convencerles de que yo era quien ellos estaban buscando. Estábamos experimentando un asombroso mover de Dios en Weaverville, y me sentía honrado de estar donde Dios estaba haciendo lo que Él quería hacer. Un traslado a una iglesia más grande no era importante para mí, ni particularmente lo consideraba un ascenso. Lo único que quería era ser parte de algo por el cual ninguna persona podría tomar el crédito. Mi comentario fue uno de honestidad visceral y una advertencia de los desafíos que se presentarían si ellos decían sí. Yo sabía que si Dios se manifestaba de maneras inesperadas sería un esfuerzo costoso para todos nosotros.

El avivamiento es un ceder continuo al Espíritu Santo. Éste es el propósito por el cual yo estoy vivo. Mi travesía de toda la vida es aprender Sus maneras y navegar la dirección de mi vida en respuesta.

Ceder es esencial para gran fe. Pero gran fe es cualquier cosa menos pasiva. Poco se logra por medio de cualquier cosa que sea pasiva. Las montañas se mueven a través de acciones agresivas que comprueban la existencia de la fe. Ninguna cantidad de esfuerzo puede provocar el milagro de Dios. No es el producto de nuestros esfuerzos o nuestra fuerza personal. La fe viene al entregarnos, no por esforzarnos. Pero se tiene que demostrar a través de acciones.

El *sí* absoluto de esta iglesia revela que el clamor por avivamiento está profundamente incrustado en los corazones del pueblo de Dios. Aunque sé que nuestras definiciones varían en diferentes partes del cuerpo de Cristo, instintivamente sabemos que el avivamiento es la voluntad de Dios porque en el avivamiento *Dios hace lo que Él quiere.*

PREPARADO PARA EL AVIVAMIENTO

Veinticinco años antes yo había pertenecido al grupo de jóvenes de esta misma iglesia. Mi papá era el pastor, y Chip Worthington era el pastor de jóvenes. Mi papá eventualmente llevó a nuestra iglesia a un maravilloso mover de Dios. Tanto el movimiento de "la generación de Jesús" (el movimiento evangelístico entre la juventud de los 60 y 70) y la Renovación Carismática eran expresiones importantes de quiénes éramos como iglesia. Pero en 1970 experimentamos el comienzo de los dolores de parto. Me encanta la analogía del dolor del parto, ya que nos recuerda de esta realidad: "Los dolores de parto no traen al bebé. Es el bebé el que trae los dolores de parto". El dolor en nuestros corazones era en medida la indicación de que Dios venía en camino. Fue una semilla plantada en nuestros corazones y regada por Mario Murillo y muchos otros líderes carismáticos. Pero pasaría un año más antes de experimentar un verdadero avance.

Yo tenía alrededor de 19 años entonces y me había sumergido en las enseñanzas de Mario así como las de Winkie Pratney y nuestro pastor de jóvenes, Chip Worthington. Ellos hablaban con frecuencia de esta cosa llamada "avivamiento", contándonos vivencias de la historia cuando Dios se manifestó de maneras inusuales y poderosas para cambiar a individuos, la iglesia, y ultimadamente, al mundo. Me llegó a ser claro que yo nunca antes había visto un avivamiento, y lo que yo oía decir que era avivamiento mientras crecía en realidad no lo era. No hay tal cosa como una semana de reuniones de avivamiento. Un incendio forestal no se puede acorralar en un período de tiempo de siete días. Podemos tener reuniones especiales durante ese tiempo, aun reuniones poderosas, pero no avivamiento. Ultimadamente, el avivamiento es totalmente consumidor, ya sea si es con una persona que lleva el fuego de Su presencia, una iglesia, o un movimiento completo. Poco más importa durante estos tiempos.

Quedaré por siempre endeudado a Chip y a su esposa Linda por tantas cosas. Chip me alimentó con un flujo constante de libros, especialmente los clásicos acerca de la oración, como los de Andrew Murray, "Praying" Hyde (Hyde, "el que oraba"), Norman Grubb, R.A. Torrey, y muchos más. Anteriormente, no me había interesado mucho la lectura, pero me convertí en un lector. Encontré alimento para mi alma que nunca antes había experimentado. Quedé totalmente cautivado. En el ámbito natural nos da hambre por no comer. Pero en el reino, nos volvemos hambrientos por comer. Esta ciertamente era la nueva realidad para mí.

LA ORACIÓN ERA CLAVE

Al principio de mi travesía, en todo lo que oía y leía, el elemento constante era que el avivamiento viene por medio de la oración. Mucha. Para un joven que nunca había orado mucho más que orar por bendiciones para la familia y los alimentos, esto era algo totalmente nuevo. Me levantaba temprano y me acostaba tarde para tener tiempos largos de oración. Era bueno, y era el comienzo. Aun así, tengo que admitir que la mayoría de mis oraciones se trataban de mí. Pero de todas maneras las oré con gran sinceridad.

Saber que la santidad era importante para Dios fue probablemente la razón principal por la cual mis oraciones estaban tan enfocadas en mi propia persona. Yo tenía la tendencia de hacer que el enfoque fuera todo acerca de mi falta de mérito y pureza. Estas son formas espiritualmente furtivas de mantenerse uno enfocado en sí mismo. Incluso confesaba pecados que yo nunca había cometido, solo por si acaso entraban a mi mente. Parece tonto ahora, pero las personas hambrientas tienden a hacer cosas desesperadas. Era tiempo con Dios de todas maneras, y Él lo atesoraba como era honesto y mi esfuerzo auténtico de vivir una vida de entrega a Él aunque yo seguía siendo el enfoque principal. Además, todo niño de dos años piensa que el mundo gira alrededor de ellos. Estoy bastante seguro de que esa era mi edad espiritual.

Chip nos convocaba a reuniones de oración no planeadas previamente, siempre ya tarde por la noche, y siempre para orar por un gran mover de Dios. Recuerdo que una noche alrededor de 30 de nosotros salimos a unas 10 millas fuera de la ciudad a un lago llamado Whiskeytown Lake. Era alrededor de la medianoche. Intentamos encontrar un área aislada que fuera lo suficientemente grande y nivelada donde pudiéramos pararnos en un gran círculo para adorar a Dios y orar. Por fin encontramos el lugar ideal, aunque a oscuras. Lo recuerdo como si fuera ayer. Cantamos el coro "Oh, ¡cuánto amo a Cristo!" una y otra vez, con nuestras manos alzadas. Pensábamos que teníamos toda esa parte del lago para nosotros mismos, como no había fogatas ni otras señales de vida. Lo que no sabíamos era que en esa misma área estaban teniendo una gran fiesta, y que había muchas personas que se estaban emborrachando en nuestro derredor, en sitios para acampar que estaban escondidos por los arbustos de manzanita y los pinos. Pronto las personas empezaron a abandonar la fiesta y venir y pararse en derredor de nosotros, un grupo de jóvenes que estaba cantando. Uno por uno, alguien de nuestro grupo daba un paso hacia atrás y se apartaba del círculo para hablar y orar con alguien que había llegado de entre los arbustos. Recuerdo cómo un tipo con quien platiqué quedó tan profundamente conmovido que tomó su lata de cerveza y la empezó a derramar en el suelo mientras yo compartía el amor de Dios con él. Aparentemente, su apetito estaba cambiando y anhelaba beber del agua del cual nunca más tendrás sed. Este fue uno de esos momentos cuando Dios hizo Su propio llamado al altar, y las personas venían para ver nuestro amor por Dios, con la esperanza de encontrar un lugar similar de paz para ellos. Fue más tarde que leí una declaración de Juan Wesley, "Préndete fuego con pasión y la gente vendrá desde muchas millas para verte arder". Eso fue exactamente lo que ocurrió—el amor simple y no adulterado por Jesús. Muchas vidas fueron tocadas esa noche. Fue hermoso.

Dick Eastman, un verdadero profeta de oración, convocó a una reunión de oración de toda la noche en un campamento cristiano. Fue mi primera experiencia con una reunión de toda la noche, pero de ninguna manera mi última. Dick Eastman era conocido como un hombre de oración y un maestro de oración, y llevó a un sinnúmero de personas a un lugar de fortaleza en su llamado a la intercesión. Esta reunión en particular de personas jóvenes siempre resaltará para mí, como fue la primera vez que escuché la voz de Dios tan claramente. Él me habló acerca de mi vida. Esto ocurrió cuando yo estaba en un salón junto a la sala principal donde estaban teniendo la reunión, para que pudiera descansar. Al acostarme, Él me habló. La manera en que Él habló fue para establecer un estándar que por mucho tiempo impactó cómo él trató conmigo en los años venideros. No fue audible, pero fue así de claro. Es un gran misterio para mí cómo Él puede hablar tan fuertemente, mas no emitir ningún sonido. Él dijo, "Si no te interpones en mi manera de obrar, te usaré de una manera nada pequeña". Eso fue todo. Nada más, nada menos. Resaltó para mí por muchas razones. Pero una fue que yo ni siquiera pienso con esa clase de palabras—*de manera nada pequeña*. Si a mí se me hubiera ocurrido una declaración como tal, yo hubiera dicho, *de manera grande*. En segundo lugar, fue mi introducción a la soberanía de Dios. Yo no podía causar que ocurriera lo que Dios tenía planeado, pero sí podía interferir. De todas maneras, fue un encuentro que me impactó de manera profunda. Pasaron años antes de que yo le contara a alguien acerca de aquel momento. Nunca había escrito acerca de ello hasta ahora.

Las reuniones de oración de toda la noche se hicieron más comunes. Algunas veces eran organizadas por nuestros líderes, y a veces nosotros por nuestra propia cuenta las teníamos. Orábamos, sabiendo que algo bueno sucedería como resultado. A veces *lo bueno que sucedía* era inmediato, pero a menudo era una inversión en nuestro futuro.

Otra reunión de oración parecida tomó lugar aun más tarde por la noche. Nuevamente, participaron aproximadamente unas 30 personas, y esta vez tomó lugar a las dos de la mañana, frente a una pequeña tienda de abarrotes que permanecía abierta las 24 horas. Escogimos ese lugar porque su área de estacionamiento se había convertido en el lugar principal de la ciudad para comprar drogas ilegales. Los vendedores permanecían allí esperando hacer una venta, o alguien usaba la caseta de teléfono **público**, y el vendedor llegaba con la mercancía. Llevaban a cabo sus actividades de manera un tanto descarada y a la intemperie. Esto fue durante la era de los "hippies", así que había muchas personas de pelo largo por todo este establecimiento. Al reunirnos en el área de estacionamiento para orar, salió el gerente y riéndose, se burló de nosotros. Era demasiado tarde para que llegaran personas allí. Si alguna vez he oído risa demoniaca, fue entonces. Pronto llegó la policía. El oficial le preguntó a Chip qué estábamos haciendo. Él contestó, "Estamos orando por usted". El oficial le agradeció, le pidió que lo siguiera haciendo, y se fue. Y seguimos. Pero algo ocurrió esa noche que nunca olvidaré. Dejaron de vender droga a partir de esa noche. Se detuvo totalmente. Pasé en mi auto por la tienda la próxima noche, y no había ninguna aglomeración de personas, que era algo desconocido. Esto también fue confirmado por un amigo mío que en aquel tiempo usaba drogas. Después de su conversión a Cristo estuvimos platicando acerca de cómo llegó a conocer a Jesús. Él mencionó que antes compraba drogas en esa misma tienda de abarrotes. Pero cuando fue a comprar sus drogas ese sábado por la noche en particular, aparentemente había ido allí muchas veces antes, no había nadie allí. Nunca pudo entender cómo o por qué los vendedores de drogas repentinamente dejaron de usar ese lugar. No parecía haber una explicación lógica. Comparamos notas y nos dimos cuenta de que fue después de nuestra reunión de oración. La oración importa. Hace una diferencia. Pero si las oraciones no nos mueven a nosotros, no lo moverán a Él.

Interesantemente, este mismo hombre comenzó a dirigir equipos de oración en varios lugares alrededor de nuestra ciudad en los años siguientes. Ellos percibían que Dios los dirigía a orar por un negocio en particular conocido por el pecado y la depravación. Por lo que valga, no eran oraciones pidiendo juicio. Simplemente oraban que Dios viniera e hiciera lo que quería hacer. En la mayoría de las ocasiones, si no todas, estos negocios cerraban poco tiempo después de dichas oraciones. Tengo un gran lugar en mi corazón para las empresas. Son la base de nuestras comunidades. Y me encanta apoyarlas. Pero una empresa cuya subsistencia depende de promover el mal es otro asunto en todo sentido. No es mi decisión. Dios lo sabe. Y es una travesía asombrosa ver lo que se tiene que ir cuando Su presencia manifiesta llega.

MILAGROS TAMBIÉN

Aunque yo creía en el poder de Dios para sanar, no había visto mucho. Durante este tiempo, el grupo de jóvenes incluía a dos gemelas que habían venido a Cristo. Las dos tenían epilepsia muy severa. Oramos, y ambas fueron sanadas. Por su propia cuenta, dejaron de tomar todos sus medicamentos, algo que después supimos que era muy peligroso porque su dosis era extraordinariamente alta. Pero no experimentaron ningún efecto adverso. No solo eso, sino que cuando la mamá se enteró de lo que ellas habían hecho, entró en pánico y las llevó al médico. Él verificó lo que había ocurrido y le advirtió a la madre que si ellas comenzaban con ese nivel de medicamento de nuevo, podían morir.

No hace falta decir que empecé a arder por el avivamiento. Me volví hambriento. Oré por él, declaré mi deseo por él, e iba a cualquier parte donde pensaba que posiblemente lo vería, aun sin saber qué era. Pero yo sabía lo suficiente como para saber que era bueno, y que era Dios. Eso era lo único que necesitaba saber para perseguirlo. Así que eso hice, de día y de noche.

Quiero reimprimir aquí un pasaje de mi libro, *Cuando el Cielo Invade a la Tierra*, donde comparto el momento en que mis oraciones llegaron a un punto decisivo.

GLORIOSO PERO NO AGRADABLE[2]

En mi búsqueda personal de un mayor poder y unción en mi ministerio, he viajado a muchas ciudades, entre ellas Toronto. Dios ha usado mis experiencias en esos lugares para prepararme para encuentros que pueden cambiar la vida en mi ciudad.

Cierta vez en medio de la noche, Dios vino en respuesta a mi oración por más de Él, pero no de la forma que yo esperaba. Pasé de un sueño profundo a estar totalmente despierto en un instante. Un poder inexplicable comenzó a latir por todo mi cuerpo, casi parecía una electrocución. Era como si me hubieran conectado a un tomacorriente y mil voltios recorrieran mi

2.   Bill Johnson, *Cuando el cielo invade la Tierra.* (Shippensburg, PA: Destiny Image Publishers, 2005), Capítulo 10.

cuerpo. Mis brazos y piernas se convulsionaban en explosiones silenciosas como si algo estuviera disparándose a través de mis manos y pies. Cuanto más trataba de detenerlo, más fuerte se hacía.

Pronto descubrí que esta no era una pelea que iba a ganar. No escuché ninguna voz ni tuve visiones. Esta fue simplemente la experiencia más abrumadora de mi vida. Era poder puro... era Dios. Él vino en respuesta a una oración que había estado orando durante meses —¡*Dios, quiero más de ti, cueste lo que cueste!*

La noche anterior había sido gloriosa. Estábamos teniendo reuniones con un buen amigo y profeta, Dick Joyce. Era el año 1995. Al final de la reunión, oré por un amigo que tenía dificultades para experimentar la presencia de Dios. Le dije que sentía que Dios lo iba a sorprender con un encuentro que podría llegar en medio del día, o incluso a las 3 de la madrugada. Cuando poder cayó sobre mí esa noche, miré el reloj. Eran las 3 a.m., exactamente. Entonces supe que todo estaba planeado de antemano.

Durante meses le había estado pidiendo a Dios que me diera más de Él. No estaba seguro de la manera correcta de orar, ni entendía la doctrina detrás de mi petición. Todo lo que sabía era que tenía hambre de Dios. Había sido mi constante clamor, día y noche.

Este momento divino fue glorioso, pero no placentero. Al principio me sentí avergonzado, aunque nadie más sabía que yo estaba en esa condición. Mientras estaba allí, tuve la imagen mental de mí mismo de pie frente a mi congregación, predicando la Palabra como me encanta hacer. Pero me vi con los brazos y las piernas sacudiéndose como si tuviera serios problemas físicos. La escena cambió: me vi caminando por la calle principal de nuestra ciudad, frente a mi restaurante favorito, de nuevo con los brazos y las piernas moviéndose sin control.

No conocía a nadie que pudiera creer que esto era de Dios. Recordé a Jacob y su encuentro con el ángel del Señor. Cojeó por el resto de Su vida. Y luego estaba María, la madre de Jesús. Ella tuvo una experiencia con Dios que ni siquiera su prometido creyó aunque una visita de un ángel lo ayudó a cambiar de parecer. Como resultado, ella dio a luz al niño Jesús, y luego sufrió un estigma por el resto de sus días como la *madre del hijo ilegítimo*. Cada vez lo veía más claro: el favor de Dios a veces se ve diferente desde la perspectiva del cielo, que de la tierra. Mi petición de más de Dios llevaba un precio.

La almohada quedó empapada con mis lágrimas. Recordé mis oraciones de los meses anteriores y las contrasté con las escenas que acababan de pasar por mi mente. Antes que nada, pude darme cuenta de que Dios quería hacer un intercambio— más de Su presencia por mi dignidad. Es difícil explicar cómo uno llega a saber el propósito de un encuentro así. Lo único que puedo decir es que uno lo sabe. Sabe cuál es el propósito de Dios tan claramente que toda otra realidad se desvanece en las sombras, cuando Dios apunta a esa única cosa que a Él le importa.

En medio de las lágrimas llegó un punto sin retorno. Me entregué sin reservas, llorando, *Más, Señor, más! ¡Tengo que tener más de Ti a cualquier precio! Si pierdo la respetabilidad y te tengo a ti a cambio, con mucho gusto haré ese intercambio. ¡Sólo dame más de ti!*

Las corrientes de poder no se detuvieron. Continuaron durante toda la noche, y yo continué llorando y orando, *Más Señor, más; por favor dame más de Ti.* Todo terminó a las 6:38 de la mañana, y me levanté de la cama completamente renovado. Esta experiencia se repitió las siguientes dos noches, comenzando momentos después de acostarme.

¡ÉL VINO A BETHEL EN PODER!

Beni y yo aceptamos la invitación para ser los nuevos pastores principales de Bethel Church y comenzamos a servir en tal capacidad en febrero de 1996. Eran un maravilloso grupo de creyentes, con un equipo pastoral asombroso, el cual yo había heredado del pastor anterior. Una de las primeras noches de domingo, invité a toda la iglesia a pasar al frente del santuario. Quería que oráramos juntos. La iglesia estaba agradecida de que habíamos venido a ser sus pastores, pero también estaban muy cansados. Su pastor anterior, Ray Larson, era un hombre maravilloso y un amigo personal, pero él había hecho una transición ocho meses antes. Habían estado buscando su reemplazo durante ese tiempo, y habían quedado muy cansados en el proceso. Al reunirse cientos de personas al frente del auditorio, Beni y yo simplemente nos paramos juntos en la plataforma e invitamos al Espíritu Santo a venir. Se puede argumentar que Él ya estaba allí, que bíblicamente es correcto. Nos reunimos en Su nombre y Él estaba presente. Pero hay dimensiones y niveles de Su presencia que una doctrina no satisface, así como un simple certificado de matrimonio no puede satisfacer el anhelo que tenemos por una relación con nuestro cónyuge. De la misma manera en que un certificado de matrimonio hace posible una relación, así mismo la doctrina nos invita a experimentarlo a Él de una manera que es transformadora. Él ha de ser encontrado, conocido y disfrutado. Además, siempre hay más.

Compartimos un dolor genuino en nuestros corazones para que el MÁS de Dios llenara nuestras vidas y aquel lugar. Al levantar mi voz,

Él vino. El poder de Dios cayó en esa sala esa noche. Fue hermoso. Pero vino notablemente solo sobre una persona. No estoy diciendo que esta mujer fue la única persona tocada por Dios, porque Él se mueve de maneras sutiles así como en demostraciones poderosas. Pero en este caso, Su manifestación obvia de poder solo cayó sobre una persona, entre los cientos presentes. Ella cayó al suelo bajo la poderosa presencia de Dios, temblando bajo Su poder. Beni y yo nos miramos y dijimos, "Lo tenemos. ¡Ahora no se puede detener!" Hablando metafóricamente, ésta era "la nube del tamaño de la mano de un hombre", que fue un momento dado a Elías cuando él estaba orando por lluvia. Esta pequeña señal de Dios era todo lo que él necesitaba para saber que la lluvia estaba a punto de llegar, y corrió a buscar techo como resultado. (Ver 1 Reyes 18:44.) En los días siguientes, experimentamos el derramamiento que continuamente iba en aumento, del cual solo habíamos leído en los libros de historia de avivamiento. Y a través de esas historias de tiempos atrás, esto se había convertido en nuestro sueño. Debe ser normal que soñemos y exploremos lo que puede ser posible en nuestras vidas.

Yo sabía que lo que Dios estaba haciendo en la tierra ya no se podría parar, como ahora estaba ocurriendo entre los miembros de la iglesia, no solo el equipo de liderazgo. Y aunque trato mucho de acabar con esa idea de que solo los miembros del personal pastoral son ministros, hay un residuo en la manera de pensar de las personas. De todas maneras, una vez que el poder del Espíritu Santo cayó sobre esta sola mujer, fue como la levadura que se mezcla en la masa. Una vez que ya está adentro, no se puede quitar. Sabíamos que el impacto de este mover de Dios llegaría a ser medible con el tiempo. Y así fue.

Al considerar ese momento que llegó a ser tan formativo al dar lugar a las actividades de Dios entre nosotros, recuerdo la historia de Evan Roberts en uno de mis avivamientos favoritos de todos los tiempos. El avivamiento de Gales de 1904-1905. En la primera reunión, el pastor-vicario permitió a Evan hablar con cualquier persona que quisiera permanecer después de la reunión principal. En esta reunión posterior, Evan desafió a todos los presentes a dar su todo a Jesús. Los 16 adultos presentes respondieron. Ya al final de la semana, él tuvo la confesión pública de fe en Jesús de un total de 65 personas. Al siguiente día escribió al editor del periódico diciendo, "Estamos a las vísperas de un grandioso avivamiento, el avivamiento más grandioso que Gales jamás haya visto". [3] Los 65 creyentes que se habían entregado fueron su *"nube, del tamaño de la mano de un hombre"*. No fue el número de personas que se habían entregado lo que importaba. Fue la calidad de su sí. Y mucho como una semilla de mostaza que crece hasta ser una gran planta o los panes y peces multiplicados para alimentar a una multitud, así es con cualquier cosa que le damos a Jesús en total entrega. Es ilimitado en su potencial inherente a través de la completitud de nuestro *sí.*

Muchas personas abortan lo que Dios les ha dado porque no les llegó completamente desarrollado. Oigo de tantas personas que ven lo que Dios está haciendo y dicen, "Esto no es avivamiento", como si estuvieran hablando con gran discernimiento y madurez. La verdad es que me entristece. Nada de significancia crece cuando verbalmente abusamos o le restamos el crédito a los regalos aparentemente pequeños de Dios. La Escritura es clara en cuanto a que no debemos despreciar los pequeños comienzos. Sus críticas se convierten en profecías que se cumplen solas, porque esos toques sutiles de Dios rara vez crecen hasta llegar a ser todo lo que era la intención de Dios. Y el crítico vive con el falso sentido de *estar en lo correcto* en su discernimiento. Por lo general, no es discernimiento. Es incredulidad. Sus palabras son destructivas a la obra de Dios. Posiblemente es por eso qué Dios silenció a Zacarías por nueve meses mientras

---

3. Phillips, *Evan Roberts,* 190. Carta de Evan Roberts a Elsie Phillips, 5 de noviembre de 1904.

que su hijo, Juan, crecía en el vientre. Sus palabras y preguntas fueron de incredulidad, no curiosidad, y su naturaleza era muy destructiva.

Somos herederos y mayordomos de la vida y la muerte según Pablo en 1 Corintios 3:22. Esta verdad conecta poderosamente con lo que se revela en el libro de sabiduría, Proverbios 18:21: "La vida y la muerte están en el poder de la lengua". Eso no fue inventado por un grupo o una denominación. Dios lo dijo. Tenemos que prestar atención y tener cuidado de lo que sale de nuestras bocas con respecto a cualquier cosa que Dios haga o dé. He lamentado mucho al ver a compañeros creyentes criticar lo que Dios les ha dado porque no era lo que esperaban o querían. Si le doy dos regalos a cada uno de mis hijos, uno caro y uno menos costoso, no estaré muy contento con ellos si celebran el regalo caro y dejan el otro debajo de su silla. Y sin embargo los creyentes hacen eso constantemente. Dirán algo como, "Mi búsqueda es que Dios me use en la profecía. Las lenguas es un don menor, así que prestaré mi atención a lo que Dios valora más". Esto es abuso de las Escrituras e ignora el hecho de que Dios solo hace cosas asombrosas. Orar en lenguas es un don de lo más especial ya que es el único mencionado entre los nueve que es usado específicamente para nuestra edificación. Además, nos permite hablar directamente con Dios desde nuestro hombre espiritual, sin ninguna interferencia de nuestra alma. (Ver 1 Corintios 14:2.) Nuestro tratamiento de los dones del Espíritu Santo corre un curso interesantemente paralelo a nuestra presteza a vivir en la unción para avivamiento.

La mayoría de las veces nuestras oraciones más grandes son contestadas en forma de semilla para darnos la oportunidad de crecer en nuestra habilidad de administrar la respuesta conforme venga en su plenitud. Esto establece la escena para una respuesta mayor. En otras palabras, en vez de que Dios les dé un roble, les da una bellota. La fe ve que hay un roble dentro de la bellota. Y hay un número ilimitado de bellotas en el roble. El punto es que tenemos que ver el potencial en la respuesta que Él nos da, oh no cuidaremos de la respuesta correctamente.

En los meses que siguieron empecé a ver cosas suceder por las cuales yo había tenido hambre desde que podía recordar. Siempre había leído acerca del Dios que sanaba y libertaba, pero nunca lo había visto a gran escala.

AGRADECIDO, PERO NO SATISFECHO

Cuando comienzas a ver cosas de las cuales solo has escuchado por leer acerca de los avivamientos en la historia de la iglesia, o historias que has encontrado en las páginas de las Escrituras, casi es demasiado para manejar. ¡Irrumpe el agradecimiento! Pero también hay una consciencia aleccionadora de que este precioso regalo de Dios no se debe manejar mal, ya que es la evidencia que mayormente representa y revela Su corazón. Somos mayordomos. Pero como mencioné anteriormente, uno de los resultados de comer en el Reino es mayor hambre. No es de maravillarse que participar en los derramamientos del Espíritu Santo en realidad crea mayor hambre por lo mismo—más derramamientos del Espíritu Santo. A diario estamos siendo introducidos a un Reino sin límites o fin.

Capítulo Tres

VINO EN EL RACIMO

Si quieres ir rápido, ve solo.
Pero si quieres ir lejos, vayan juntos.
PROVERBIO AFRICANO

L O que a menudo comienza con una persona clamando a Dios en privado pronto se traslada a un pequeño grupo de amigos de confianza. Es en ese núcleo que un aumento dramático toma lugar. Isaías vio esto cuando dijo, "*Se encuentra mosto en el racimo*" (Isaías 65:8). Comparado con el vino nuevo, el derramamiento del Espíritu ocurre donde hay un grupo unido reunido, como en un racimo. Lo vemos con los 120 creyentes en el aposento alto de Hechos 2:1. Estaban en perfecta unidad. No estoy diciendo que un individuo no pueda experimentar avivamiento. Creo que a menudo empieza con uno. Pero los incendios sanos siempre se propagan.

Una de las primeras promesas que Dios me dio cuando llegué a ser pastor fue el Salmo 118:7: "*Jehová está conmigo entre los que me ayudan*". Básicamente, Su promesa a mí era que aunque pueda haber oposición, Él me sostendrá por medio de aquellas personas que ha puesto en mi vida para ayudar. Llegó a ser evidente desde el principio que yo viviría y prosperaría solo en medio de un equipo de amigos. Y así ha sido.

Habiendo dicho eso, heredé a un personal maravilloso del pastor anterior cuando llegué a Bethel. Él era un gran hombre, quien sabía cómo formar un equipo. Aunque es costumbre que un pastor nuevo despida al personal previo y traiga a su propio personal, me quedé con todos. Me sirvieron y ayudaron de la manera más admirable. Al mirar atrás, puedo decir que esa fue una de las cosas más inteligentes que jamás he hecho. No pude haber encontrado un mejor grupo de líderes para ayudarme a servir a la familia Bethel. Ellos tenían historia con el pueblo así como la sabiduría y devoción necesitada para seguir adelante. Además, tenían el factor X: hambre por todo lo que Dios estaba haciendo.

Querían ayudarme a guiar a la familia de esta iglesia aprendiendo a navegar la vida en medio de este nuevo derramamiento. Pero también fueron lo suficientemente sabios como para saber que no estaban equipados a hacerlo de la manera que se necesitaba. Alan Ray, uno de los pastores clave que había estado allí más tiempo, me preguntó si sería posible tener una reunión privada con nuestros pastores donde podrían estar en modo de recibir, en vez de sentir que necesitaban dirigir. Si eran tocados por el poder de Dios de una manera profundamente personal, me podrían ayudar mejor a dirigir. Solo necesitas estar un paso más adelante de los demás para poder dirigir efectivamente.

Planeamos una reunión en la casa de uno de los pastores. Luego invité a dos equipos de ministerio a venir a ayudarnos: uno de Weaverville, el otro de Hayfork, (dos comunidades pequeñas entre las montañas). Vinieron y sirvieron con gran humildad. El poder de Dios vino sobre nosotros de una manera tan extraordinaria, que comenzó el lento arder de Su presencia y poder en el personal de la iglesia.

La reunión funcionó tan bien que pensé que sería sabio hacer lo mismo con todo nuestro equipo de liderazgo, para que todos estuviéramos en la misma página. Convoqué a una reunión con unos 100 líderes. Nos reunimos en un salón en el segundo piso de nuestro edificio. Hice lo mismo que había hecho varias veces; hablé por algunos minutos acerca de lo que Dios estaba haciendo y luego invité al Espíritu Santo a venir. Él vino, una vez más. Esta vez fue bastante inusual en el sentido de que muchos fueron tocados poderosamente, pero hubo un impacto notable en un hombre llamado Cal Pierce.

Lo que hizo tan inusual el encuentro de Cal fue que a él no le agradaba lo que estaba ocurriendo en la iglesia y estaba planeando su salida. Él había estado allí por 25 años, así que no era algo insignificante. Pero él ya estaba decidido, y su estrategia para irse ya estaba establecida. A su crédito, él también sabía, como miembro de la junta directiva de la iglesia, lo que era responsabilidad, así que asistió a la reunión a la cual yo había pedido a nuestro liderazgo asistir. Cal no estaba hambriento y sin duda no estaba impresionado con lo que estaba ocurriendo en la iglesia bajo mi liderazgo. Como muchos otros, estaba a punto de irse. Pero esa noche observé a Dios seleccionarlo.. Dios eligió tocar a este hombre que tenía poco o nada de interés en este mover del Espíritu Santo. Si alguna vez he visto a Dios escoger a alguien soberanamente, ésta fue la noche. En el transcurso de una hora, Cal cambió de ser complaciente a apasionado, de distante a estar en el centro de todo, y de ser un oponente al mover de Dios, a promotor y facilitador. Éste fue un milagro extraordinario, uno de los mayores que había visto hasta entonces.

Después de esa noche, a Cal le importó poco más que lo que Dios decía y hacía. Su corazón ardía de maneras que he visto a pocas personas arder. Él tenía una pasión especial por la sanidad, y la tomó como una asignación especial, conociendo que era central al Evangelio del Reino. Recuerdo una noche en particular. Estábamos teniendo una conferencia especial, que era una manera maravillosa de servir al cuerpo de Cristo en general. Una mujer que asistió estaba danzando en adoración en la parte posterior del santuario. Algo pasó y se cayó y fracturó su pie. Ella también era enfermera en una sala de emergencias de un hospital local, y estaba familiarizada con la lesión que tenía. El hueso estaba saliendo del pie de una manera que era visible para todos. Pero no era una fractura compuesta donde el hueso penetraba la piel. Ella les preguntó a varias personas si creían que Dios la sanaría si oraban. Cada una de ellas, incluyendo uno de los oradores, dijo que le daría mucho gusto orar por ella. Ella respondió: "No, usted no es la persona indicada". Le preguntó a Cal la misma pregunta, "¿Cree que mi pie será sanado si ora?" ¡Él contestó que sí! Ella dijo, "Usted es el indicado". Él oró, y observaron al hueso volver a su lugar. El dolor se fue, y ella quedó totalmente sanada. Ese hombre, solo unas semanas antes, había querido dejar la iglesia. Y luego había quedado aprehendido por el Soberano, quien básicamente dijo, "Tengo necesidad de ti". Ahora Cal está al frente de las Salas Internacionales de Sanidad, con cientos de ministerios de salas de sanidad por todo el mundo.

SEÑALES QUE CAUSAN QUE TE MARAVILLES

Una de las cosas más trágicas que les ocurre a los que han nacido de nuevo es perder el sentido de maravilla de Dios y la maravilla de nuestra salvación. Tristemente, maravillarse ha llegado a ser una parte no necesaria en la vida de muchas personas. Hemos nacido de nuevo por el mismo Espíritu que levantó a Cristo de los muertos, lo cual nos introdujo al estilo de vida del Reino que es una aventura continua. La ausencia de la presencia de Dios reconocida entre nosotros está a la raíz. Las actividades cristianas, no importa qué tan maravillosas sean, nunca satisfarán el clamor del corazón por Él.

Lo que empezamos a experimentar en esos primeros años fue la presencia sobrecogedora de Dios en nuestras reuniones. Siempre teníamos un plan para la reunión, pero quedábamos más deleitados cuando Él interrumpía nuestros planes con uno de Él. Recuerdo un domingo por la mañana en particular cuando mi hijo Brian tocó uno o dos acordes en su guitarra, y la gloria entró a la sala. Literalmente. Quedamos sobrecogidos por Dios. Fue alrededor de 40 minutos después que cantamos nuestro primer canto. Una parte asombrosa de esta clase de invasiones es que perdemos noción del tiempo. En otras palabras, 40 minutos sin una dirección clara más que el asombro de Dios no causó que las personas se inquietaran por lo que había de seguir.

También es interesante hacer notar que esta manifestación de la presencia no fue reconocida por todos. Para aquellos que habían formado antagonismo en sus corazones les fue más difícil discernir lo que estaba ocurriendo. La historia de Jacob en particular es preciosa para mí por el hecho de que se acostó a dormir y tuvo un sueño. Cuando despertó, declaró: *"Ciertamente Jehová está en este lugar, y yo no lo sabía" (Génesis 28:16)*. Todos nosotros, en ocasiones, necesitamos ayuda para reconocer el momento en el que estamos. Dios puede estar a la mano, pero nuestros propios problemas causan que seamos ciegos a la realidad única en nuestras vidas. He visto bastantes reuniones donde el poder y la presencia de Dios eran inequívocas, pero sin reconocer por algunos. Una persona tiene una experiencia que cambia su vida, y al lado de ésta se encuentra alguien que apenas puede esperar para llegar a casa para comer. Me parece extraño.

A veces las personas están predispuestas a ver o permanecer duros de corazón. Eso fue exactamente lo que ocurrió en Juan 12:27-30. El Padre habló audiblemente en respuesta a la oración que Jesús recién había orado. El Padre dijo, "Lo he glorificado, y lo glorificaré otra vez". Las respuestas de las personas fueron interesantes. Algunas dijeron que hubo truenos, otros dijeron que un ángel le había hablado. Me parece curioso cómo algunas personas pensaron que había una explicación natural (trueno) y otras reconocieron que era espiritual (ángeles le hablaron), pero no para ellos personalmente. Ambas interpretaciones estaban mal. Jesús dijo que la voz había venido por el bien de ellos. La voz audible era para el pueblo, no para Jesús. Él no necesitaba que fuera audible. El Padre se dio a conocer a la multitud por medio de Su voz, mas no se beneficiaron por Sus esfuerzos. Su incredulidad (versículos 12:37) llegó a ser el filtro que causaba que no pudieran oír lo que se les hablaba.

En los meses que siguieron después de esas primeras reuniones en Bethel, comencé a ver cosas suceder por las cuales yo había tenido hambre, desde que tenía memoria. Yo siempre había leído acerca del Dios que sanaba y liberaba y aun lo había visto como uno momento especial en la vida de nuestra iglesia. Pero nunca lo había visto en una escala tan grande que se convirtiera en la norma. Ésta era tal momento.

TODA LA CREACIÓN HABLA, AUN PERROS

Una de las experiencias en mi vida que me ha ayudado en cuanto a esto se centra alrededor de un perro Pointer Alemán de Pelo Corto que tuve hace muchos años, llamado Rez. Él nació y fue criado para cazar. Estaba en su sangre. A veces ese impulso parecía ser aun más fuerte que su deseo de comer. Nunca he visto algo similar. Cuando lo soltábamos en el campo, él corría en ciertos patrones por el campo, hacia atrás y hacia adelante, buscando algún ave de caza que podía reconocer con su olfato. Una vez que olfateaba el pájaro, se fijaba en su posición, con su nariz apuntando a donde el pájaro se estaba escondiendo. Eso significa que si estaba corriendo en una dirección, pero el viento le ayudaba a captar el olor de un ave en la dirección opuesta, él parecía contorsionista. Su cuerpo estaría apuntando en una dirección mientras que su cabeza-nariz apuntaban a la opuesta. Tanto su pasión como su habilidad eran hermosas de contemplar.

Además, lo estábamos entrenando para cazar junto con otro perro de la misma raza. Una de las cosas que se les enseña es que si un perro huele primero a un pájaro y empieza a apuntar hacia él, el otro perro inmediatamente hace lo mismo, aun si todavía no ha olido al pájaro. Esto se llama *honrar el punto*. Con frecuencia, cuando el segundo perro *honra el punto* del otro, eventualmente les toca oler al mismo pájaro cuando los vientos tienden a cambiar. He notado lo mismo en la adoración y otros tiempos tiernos con el Señor. Valorar la experiencia de otra persona con frecuencia abre las compuertas para que tengas tu propio encuentro personal. Sería sabio para todos nosotros reconocer cuando otro creyente está siendo tocado por Dios y está en un lugar de profundo reconocimiento de Su presencia en adoración, y cambiar nuestro enfoque y honrar el *punto*— ajustar nuestra actitud, nuestros pensamientos y nuestro comportamiento como si nosotros, también, estuviéramos teniendo un poderoso encuentro con Dios. No es hipocresía. Honrar la respuesta de otro creyente es un acto de fe, como sabemos que Dios no hace acepción de personas, y que es el mismo ayer, hoy, y para siempre. Lo que Él está haciendo por otra persona es tanto nuestra promesa como lo es para cualquier otra persona. Es así como la fe funciona. La fe está anclada en la naturaleza y las promesas de Dios.

He tenido momentos cuanto he entrado a un servicio un tanto perturbado por un creyente bien intencionado que ha hecho comentarios inapropiados justo antes del inicio de la reunión. Para ser honesto, mi atención no está enfocada en el Señor. Recuerdo una ocasión en particular que me había acomodado en mi asiento de primera fila y al observar a las personas en dicha fila, vi a un querido amigo que es un gran amante de Dios con sus manos en alto, exaltando Su nombre. Inmediatamente lancé mis manos al aire como si yo estuviera en un lugar profundo de expresiones tiernas de alabanza al Señor. No era hipocresía. Yo estaba honrando el punto del descubrimiento de otra persona. Y sería absolutamente cierto decir que su encuentro pronto llegó a ser el mío también. *Cada vez ocurre lo mismo.*

TRANSICIÓN MAYOR

Antes de mi llegada, la iglesia había crecido al punto de tener alrededor de 2800 personas. Para cuando yo llegué, la cantidad se acercaba a las 2000. Uso los números solo para ilustrar algo que es frecuente en los grandes moveres de Dios.

Cuando las personas creen que saben cómo vendrá Dios, con frecuencia se van desilusionados, como Dios "rara vez baila con nuestra melodía". Él es Dios, el gobernador soberano sobre todo. No puedes invitar al Señor de todo a venir y no esperar que Él tenga Sus propias ideas y planes, que frecuentemente son contrarios a los nuestros. Lo que es posiblemente lo más desconcertador es que derivamos nuestros planes de lo que vemos en las Escrituras. Pero luego Su plan casi siempre incluirá una parte de las Escrituras de la que no nos habíamos dado cuenta o que no nos agradaba mucho. Ésta es la parte de la prueba para ver qué tan hambrientos en verdad estamos. Cuando tenemos hambre de Él, y dejamos a un lado cualquier agenda que posiblemente hayamos creado, entonces somos mucho más propensos a tener un encuentro con Él, a Su manera y en Su tiempo. Mi tarea es tener hambre y darlo a conocer. Dejar lo demás a Él. Él es bueno. Su promesa a nosotros es que se manifestará. (Ver Juan 14:21). Él dijo, "¿Quién de ustedes que sea padre, si su hijo le pide[a] *un pescado, le dará en cambio una serpiente?... ¡cuánto más el Padre celestial dará el Espíritu Santo a quienes se lo pidan!"* (Lucas 11:11-13 NVI). El clamor por avivamiento es ultimadamente un clamor por Él.

Me hace recordar la parábola que Jesús compartió acerca de un hombre que compró un campo. *"El reino de los cielos es como un tesoro escondido en un campo. Cuando un hombre lo descubrió, lo volvió a esconder, y lleno de alegría fue y vendió todo lo que tenía y compró ese campo"* (Mateo 13:44). El avivamiento es mucho como el tesoro en el campo. El campo sin duda tenía partes que no eran tan atractivas ni valiosas, pero era necesario comprarlo todo para adquirir el tesoro.

Nosotros compramos el campo, y qué tesoro encontramos. El tesoro nos ayudó a perdurar en medio de las partes desagradables del campo que ahora era propiedad nuestra. Por un lado, la presencia de Dios se manifestaba de maneras muy pronunciadas, y Su poder se demostraba más a menudo con milagros extraordinarios. Aun así, muchos dejaron la iglesia y llegaron las personas que criticaban. Los líderes de mi propia denominación me dijeron que no faltaba día en que recibían llamadas de críticas acerca de mí.

Muchos pastores han encontrado consuelo en la historia de Gedeón. Su ejército consistía en 30,000 soldados para comenzar, pero fue reducido a 300 hombres antes de que empezara la batalla. Me imagino que todos los que hemos experimentado el éxodo de miembros de nuestra iglesia hemos encontrado fortaleza en la experiencia de Gedeón. Y aunque a veces pienso que fue el comportamiento insensato o pobre comunicación del pastor lo que alejó las ovejas, aun así se puede encontrar consuelo aquí. Para mí, la parte asombrosa de esta historia es que Dios no meramente redujo el tamaño del ejército para así comprobar que Él podía ganar con unos cuantos soldados mal administrados. Al contrario, redujo el ejército a los soldados más valientes y alertas que Gedeón tenía. La cantidad final era insignificante. Simplemente tenían que compartir el mismo carácter de valentía y aptitud para la guerra. Solo había 300 que encajaban en esa categoría élite. Por supuesto, Dios pudo haber ganado con 300 cobardes flojos e indisciplinados. Seamos honestos. Él para nada nos necesita. Pero Él tiende a trabajar con fuerza, capacidad e ingenio humano rendidos. Él no necesita lo que tenemos para ofrecer. Nosotros somos los necesitados.

Tenemos la necesidad de ser usados por Él. En parte, nuestra identidad semejante a Cristo se desarrolla al usarnos Dios para Sus propósitos. Y es en ese proceso que aprendemos a refinar nuestro enfoque y compromiso a la excelencia en todo lo que somos y hacemos como una ofrenda a Él.

SUEÑOS Y SALIDAS

Durante esta temporada en el mover de Dios, Él fue muy generoso al darme dirección diaria. No quiero sugerir que Él no es siempre generoso. Pero durante esta temporada Él hizo que Su voluntad fuera inconfundible y que fuera casi imposible que yo no la captara. Al comienzo de nuestra travesía, tuve un sueño en que yo tomaba la salida de la autopista, pero que luego cruzaba el puente de la autopista para subirme de nuevo a la misma, pero para ir en la dirección opuesta. En el sueño, yo podía ver que la salida y el puente estaban cubiertos de hielo. Éste era un sueño de advertencia. Desperté sabiendo exactamente lo que el Señor estaba diciendo. Me estaba advirtiendo a cambiar la dirección de la iglesia lentamente en respuesta a esta nueva temporada para que no nos deslizáramos del camino, causando pérdidas humanas. Lo compartí con el equipo pastoral, y de la mejor manera que yo conocía, tomamos pasos de bebé al entrar a este mover de Dios como una organización. Hice que siguieran funcionando todos los ministerios que yo había heredado sin hacer cambios de horario o planes. Expliqué y expliqué de más lo que estaba sucediendo en este derramamiento, dando tiempo a las personas a observar sin presionarles de manera alguna a que entraran. Enseñé cómo eran los moveres de Dios según las Escrituras, y compartí ejemplos maravillosos de la historia. Fuimos despacio. Pero de todas maneras perdimos gente. Mucha gente. Alrededor de 1000 personas se fueron en los meses siguientes, que era aproximadamente la mitad de las personas que consideraban a Bethel como su iglesia.

Probablemente no hay manera de decir esto sin sonar pesado, insensible o desconsiderado, pero la salida de tantas personas nos afectó a Beni y a mí muy poco. Pudimos dejar de tener dos servicios cada domingo y solo tener uno. Fue una temporada refrescante poder tomar tiempo extra con el pueblo, sin la presión de que abandonaran el plantel a tiempo para que otros pudieran llegar para la siguiente reunión. No es que no nos importaban las personas que se iban. En mi lista de *lo que es valioso para mí*, la asistencia a la iglesia no figuraba. Solo duele si importa. Y no importaba, en comparación con la presencia manifiesta de Dios. Con Él venían todas las cosas que mi corazón añoraba tanto para demostrar el amor y el poder de Dios: milagros, señales, y maravillas. Cuando Él viene, Su reino siempre está al alcance.

Para lo que valga, Redding tiene una abundancia de iglesias maravillosas. Conozco a algunos de sus pastores, y ellos también están hambrientos por un gran mover de Dios. También sabemos que Bethel no es la iglesia indicada para todos, y nos reconforta saber que estas personas encontraron otras iglesias buenas donde podían ser parte e ir a un paso o en una dirección más apropiada para ellos.

Interesantemente, tuve otro sueño aproximadamente un año después. En este sueño yo estaba manejando por una autopista que estaba alumbrada con la luz del sol pero también estaba mojada por el hielo derretido. Inmediatamente supe que el hielo que se había derretido era del sueño previo, y que ahora era tiempo de avanzar ¡a toda velocidad! Le dije al personal que ya no teníamos que ser excesivamente precavidos de la velocidad con que "viajábamos". Teníamos permiso de hacer todo en nuestra búsqueda por más de Dios sin temer causar daño innecesario.

La partida de tantos tuvo poco efecto en mí porque aquello que habíamos anhelado tan intensamente por más de tres años ahora estaban comenzando a tomar lugar. Las oraciones de 25 años antes, de nuestro grupo de jóvenes en estas mismas calles, ahora estaban ocurriendo frente a mis ojos. Los milagros se estaban convirtiendo en la norma.

Recuerdo una temporada de ocho semanas seguidas en que siete personas vieron desaparecer su cáncer y/o sus tumores. Y luego hubo la mujer en sus cuarentas, que nunca antes había oído, que fue sanada de sordera. Con asombro apuntó a los parlantes en el techo. Fui a hablar con ella para que me contara exactamente lo que había ocurrido y pronto me di cuenta de que ella no tenía idea de lo que yo estaba diciendo. Nunca antes había oído sonidos. Pero respondió con alegría a nuestras señales de mano y lenguaje de señas con sonidos gozosos, verificando que podía oír. Esa semana su familia empezó a enseñarle a hablar. Su primera palabra fue *Jesús*, que es un buen lugar para comenzar.

Mi meta no ha sido hacer crecer una iglesia grande. Quiero hacer crecer a personas grandes. Así que el asunto de la asistencia nos importaba muy poco, excepto por el hecho de que, como mi papá siempre nos decía, "Cada número representa a una persona". Cuando lo que más valoras sucede, compensa por todas las cosas desafortunadas que no eran lo suficientemente importantes como para formar parte de tu lista de prioridades. Cuando tu corazón ha dolido para que el nombre de Jesús sea exaltado por medio de señales y maravillas, el número de personas en la sala deja de definir el éxito o el fracaso.

Yo tenía una prueba básica que tomaba frecuentemente al final del día, que tenía dos preguntas. 1. ¿Se presentó Dios? 2. ¿Hice lo que Él dijo? Si yo podía contestar sí a estas dos preguntas, había sido un buen día, a pesar de las circunstancias. También es importante para mí dejar algo claro en este punto: Sí, hice todo lo que sabía hacer para honrar al Señor y obedecerle al tomar riesgos y perdurar por dificultades debido a cómo Él se manifestaba. Y honestamente no puedo pensar de ninguna dirección o decisión que yo hubiera tomado de manera diferente. Habiendo dicho eso, no dudo de que mi "mejor" sigue teniendo fallas, y si yo pudiera ver más claramente, cambiaría algunas cosas. Y estoy bien con eso, ya que soy la prueba de que Él sigue obrando a través de personas imperfectas.

La parte dolorosa del éxodo masivo fue ver a mi equipo pastoral perder a muchos de sus amigos. Familias se dividieron. Los padres permanecieron, y sus hijos adultos jóvenes se fueron. Y viceversa. Algunos de los líderes que nos habían traído a Bethel se fueron. Nos habían traído con un voto de respaldo del 100 por ciento de los ancianos de la iglesia. Pero muchos simplemente no pudieron manejar el misterio que viene con el derramamiento. Una de las familias que se fue dijo, "Sabemos que esto es Dios. Simplemente no podemos con ello". El increíble equipo pastoral siguió siendo leal a mí, y más importantemente, a la medida del derramamiento del Espíritu que nos fue dado. Estábamos siendo mayordomos de un regalo de Dios. Y ese regalo causó conflicto. Un estudio honesto de la historia mostrará que esto es más común de lo que cualquiera de nosotros quisiéramos admitir.

LAS SEMILLAS ATRAEN CONFLICTO

Mencioné anteriormente en el Capítulo Uno, que lo que Dios nos da en respuesta a nuestras oraciones frecuentemente es la semilla de lo que pedimos. Hay un roble dentro de una bellota. La fe ve el roble dentro de la bellota. Esto nos ayuda a vivir en el temor de Dios donde más se necesita: administrar bien lo que se nos ha encargado. Es más frecuente que se dé el avivamiento en esa forma: en la forma de semilla.

Una lección solemnizadora acerca de la naturaleza de las semillas que Dios planta en nuestras vidas se encuentra en la Parábola de la Semilla y el Sembrador, Mateo 13:21, "Cuando *por causa de la palabra viene la aflicción o la persecución...*" La Palabra de Dios es Su semilla, y ¡esa semilla atrae conflicto! Y la manera en que navegamos ese conflicto determina la medida de avance que podemos disfrutar. No es una prueba o castigo. Es una prueba de misericordia. Si se nos da más de lo que podemos soportar, nos quebrantará. Pero si se nos da lo que podemos manejar bien, según nuestro carácter, nos establecerá.

Capítulo Cuatro

¿QUÉ ES AVIVAMIENTO?

Lo que llamamos avivamiento es simplemente
el cristianismo neotestamentario;
los santos regresando a lo que es normal.
VANCE HAVNER

L A seguridad e integridad de cualquier edificio se basa en el principio de que el edificio mismo tiene que permanecer fiel al fundamento. El fundamento de cualquier edificio establece los parámetros para lo que se va a construir. Y aunque hay ocasiones cuando el edificio mismo se extenderá más allá de la huella establecida por el fundamento; siempre se mantiene en su lugar debido por ese fundamento. Éste es un punto sencillo pero crítico cuando consideramos cómo debe ser la vida cristiana normal. La Iglesia nació en el avivamiento: el derramamiento del Espíritu Santo con la presencia sobrecogedora de Dios sobre un pueblo que nos cambia individual y corporativamente hasta que eventualmente impacta a una ciudad. Éste es nuestro comienzo; nuestro fundamento. ¿Por qué hemos de esperar edificar sobre cualquier cosa menos de lo que el corazón de Dios reveló en aquel día? Todo lo edificado sobre ese fundamento tiene que vivir en honor a esos mismos límites/valores. Pero luego, porque ese fundamento puede tomar mayor peso, se debe edificar sobre él para llevarlo a niveles más altos, ya que Dios siempre nos *lleva de gloria en gloria.*

LA NATURALEZA DE LA REVELACIÓN

Dios nos revela cosas para aumentar nuestra comprensión de la herencia, ya que la verdad revelada nos lleva a una relación con Él donde nuestro entendimiento ilustra la naturaleza de Su pacto con nosotros. La revelación conduce a la experiencia, que luego nos lleva a mayor revelación. La verdad bien administrada atrae mayor verdad. La intención de Dios siempre ha sido que la buena mayordomía de la verdad nos lleve a nuevos niveles de gloria.

Las cosas secretas pertenecen al Señor nuestro Dios, **pero las cosas reveladas nos pertenecen a nosotros y a nuestros hijos para siempre,** *a fin de que guardemos todas las palabras de esta ley* (Deuteronomio 29:29 NBLA).

Ésta en verdad es una declaración asombrosa. Cualquier cosa que se ha revelado en los tiempos pasados es nuestra posesión actual. Y esa promesa es eterna. Esta promesa es la perspectiva de Dios en cuanto a lo que se nos ha dado, que significa que ya es un hecho en Su mente. Y sin embargo, si vemos la historia, tendríamos que admitir que algunas cosas que se entendían y practicaban en tiempos previos ya nos son tan claras hoy en día. Cualquier ruptura en la eficacia de esta promesa no ha ocurrido por parte de Dios. Es por nosotros. Y la ruptura sigue mientras creemos la mentira de que nuestra demostración inferior del poder, la pureza y amor, es lo que Dios ha ordenado para esta temporada. Simplemente no es cierto. Él no ordenó la falta. Él declaró que la verdad debe pertenecernos, y la verdad experimentada siempre conduce a la libertad. Éstas son las expresiones de los verdaderos ciudadanos de Su Reino. De alguna manera, lo que ellos sabían entonces no se mantuvo a la vanguardia de su pensamiento ni se administró bien en su estilo de su vida para que la siguiente generación lo heredara. Las verdades deben ser parte de nuestra herencia espiritual, revelando aquello a lo que Dios nos ha llamado.

> *"Mi Espíritu que está sobre ti, y Mis palabras que he puesto en tu boca, no se apartarán de tu boca, ni de la boca de tu descendencia[a], ni de la boca de la descendencia[b] de tu descendencia[c]», dice el Señor, «desde ahora y para siempre"* (Isaías 59:21).

Esta promesa se solapa con la previa en Deuteronomio 29:29, en que aun las palabras proféticas nunca han de apartarse de nuestras bocas, ni de las bocas de nuestros descendientes, ¡para siempre! Dios siempre tuvo un plan para incorporar los dones y las experiencias de generaciones múltiples en una expresión continua de Sus propósitos en la tierra. Esto nunca es más claro que en el avivamiento. El avivamiento en verdad es donde *el cielo invade la tierra.*

Probablemente necesito decir aquí que cuando hablo de revelación, no estoy hablando de añadir a las Escrituras. La Biblia es completa; no hay que añadirle ni quitarle. Pero necesitamos revelación para comprender lo que ya se ha escrito. Cuando el Espíritu Santo viene sobre una persona en revelación, es una experiencia de la más maravillosa. A veces es extrema, por lo general involucra alguna experiencia de poder que ensancha nuestra comprensión de un tema o asunto. Y a veces la revelación viene de una manera muy sutil, que suele ser principalmente a un nivel cognitivo. Obviamente, los momentos extremos son los más fáciles de recordar. Pero a menudo lo sutil es donde somos probados más, por el hecho de que la pregunta prevalente es ésta: ¿Administraremos lo que recibimos hasta que Dios haya logrado Sus propósitos en nosotros a través de esa verdad? Estos momentos son principalmente cognitivos, ya que tocan nuestra mente /percepción.

En primer lugar, hay un nivel de verdad que es común para todas las personas sin necesidad de revelación adicional. Según lo entiendo, hay tres testigos diferentes que testifican de nuestro entendimiento de la verdad: 1. La creación misma habla de la naturaleza y la existencia de Dios. Revelan a Dios para toda persona que está interesada. 2. Las leyes de Dios están escritas sobre nuestros corazones. No necesitas crecer en un país civilizado para saber que es malo robar. Llevamos ese conocimiento en nuestro corazón. 3. Jesús alumbra el corazón y la mente de toda persona que entra en el mundo. (Ver Juan 1:9). Parce que esto puede ser donde el sentido absoluto de lo bueno y lo malo se establece en el corazón. Todos lo reciben cuando nacen en este mundo. Pero hay más, y se necesita al Espíritu Santo para tal aumento. *"Pero, cuando venga el Espíritu de la verdad, él los guiará a toda la verdad"* (Juan 16:13).

Cada verdad revela la naturaleza de Dios y es ultimadamente una invitación para entrar en una relación con Él a fin de entrar al estilo de vida prometido que ilustra la revelación dada. Siempre y cuando Dios nos revela verdad, nos está invitando a entrar a una experiencia continua que testifica de Él.

María, la madre de Jesús, ilustra esta verdad bastante bien.

Me encanta el estudio del avivamiento en las Escrituras y en la historia de la Iglesia. La historia del Antiguo Testamento acerca de Nínive, relatada en el libro de Jonás, es asombrosa, aun para los tiempos del Nuevo Testamento. Puede ser uno de los momentos más subestimados en toda la historia, y es sin duda digno de recibir atención enfocada. Y luego está la historia de Éfeso en el Nuevo Testamento, encontrado en Hechos 19. Cada ciudad vio una invasión de la presencia de Dios que trajo transformación de vida a toda su ciudad.

Cada historia en las Escrituras y en la historia de la Iglesia me provocan a perseguir todo lo que Dios ha puesto a mi disposición durante mi vida. Pero el problema que tengo con la mayoría de los estudios sobre el avivamiento es que se hacen conclusiones basadas en la historia de avivamiento, y no en la naturaleza o las promesas de Dios. Esto significa que cuando un avivamiento terminaba debido a la avaricia, la competencia, la autopromoción o similares, se presupone que fue la voluntad de Dios que terminara. Y aunque Dios es quien puede dar fin a tal derramamiento del Espíritu Santo, no es porque Dios ya no quería un avivamiento. Fue porque rehusó alinear Su derramamiento con los intentos de Su pueblo de controlar y dirigirlo a Él. Posiblemente la mejor ilustración para esto es la responsabilidad bíblica de los sacerdotes del Antiguo Testamento, con el fuego en el altar. Fue Dios quien prendió el fuego en el altar, pero los sacerdotes eran quienes tenían que mantenerlo ardiendo. Es lo mismo hoy en día. Dios inicia el poderoso derramamiento de Su Espíritu (fuego) y nosotros sostenemos o administramos correctamente el derramamiento para Su gloria y la transformación de las ciudades y naciones, que siguen estando en Su corazón.

Mientras tanto, el fuego se mantendrá encendido sobre el altar; no deberá apagarse. Cada mañana el sacerdote pondrá más leña sobre el altar, y encima de este colocará el holocausto para quemar en él la grasa del sacrificio de comunión. El fuego sobre el altar no deberá apagarse nunca; siempre deberá estar encendido (Levítico 6:12, 13).

Para un ejemplo más sencillo, considera esto: Ya que los avivamientos raramente duran más de dos años, el pensamiento común es que los avivamientos han de ser la visitación ocasional de Dios para dar un refuerzo a una Iglesia que está fallando o es débil. Rara vez se toma en cuenta que Dios quitó la unción para avivamiento debido a los pecados o transigencias de los que lo estaban dirigiendo, los cuales ninguno de nosotros apoyaría.

Dios frecuentemente bendecirá a un no-creyente antes de bendecir la carnalidad de la Iglesia. La bendición de Dios sobre el creyente es Su invitación para que ellos vengan y prueben más de Su bondad. Como está escrito, *"la bondad de Dios te guía al arrepentimiento" (ver Romanos 2:4 NBLA).* La bendición que cae sobre el injusto lo llama a la fuente de esa bendición, el Padre. Pero si Él bendice la carnalidad de la Iglesia, fortalece nuestra independencia, rebelión, la necesidad de estar en control. A través de la historia, Él quita el favor y las bendiciones del grupo de personas que han entrado a autopromoción, celos, y el levantamiento de empresas personales a partir del mover de Dios. Los avivamientos tienen demasiadas respuestas descuidadas al favor que Dios les ha dado en tiempos de derramamiento. Él nos quita la gloria para nuestra protección.

PENTECOSTÉS, EL VERDADERO FUNDAMENTO

Las Escrituras dicen que el apóstol y el profeta son el fundamento de la Iglesia. (Ver Efesios 2:20). Pero Pentecostés es el fundamento de la vida de la iglesia, ya que fue su introducción a la llenura y la investidura del poder del Espíritu Santo. Eso hizo que todo lo que se pensaba que era imposible para un hijo de Dios ahora fuera bastante lograble. Éste fue probablemente el mayor cambio de paradigmas en toda la historia. Ahora la débil humanidad tenía acceso a lo divino en que, a través de la gracia, se les permitía hacer lo que solo el Hijo de Dios podía hacer. Esa es la esencia de lo que la gracia es: Favor divino dado a través de la presencia habilitadora de Dios. Esto de seguro cambiaría todo para todos los que lo ven como realmente es.

Se podría decir que si alguna vez hubo una reunión que la gente no controló, contaminó o redirigió conforme a sus opiniones o preferencias religiosas, tendría que ser la reunión de las 120 personas en el día de Pentecostés. (Ver Hechos 2:1-21.) Nadie sabía lo suficiente como para equivocarse. Los que estuvieron involucrados en este evento que cambió vidas invadieron al Cielo con sus oraciones e intercesiones por diez días. Y no tenían idea alguna de lo que Dios estaba a punto de hacer. Solo sabían que debían orar y que luego Él haría algo nuevo. Como resultado, llegaron a ser el objetivo del Cielo. Y el Cielo alcanzó su objetivo al tomar a una pequeña multitud de personas hambrientas y humildes y cambiar al mundo conocido por medio de ellos. ¿Acaso no nos debe preocupar que no hemos continuado con la naturaleza y el espíritu de nuestros inicios? Obviamente, creo que debe ser una preocupación primordial. No podemos regresar al fundamento por medio del sentido de culpa o la vergüenza. Pero podemos regresar por medio del arrepentimiento, la confesión y nuestra oración sincera.

Cuando Jesús abordó el hecho de que habían perdido su primer amor en la Iglesia de Éfeso en Apocalipsis 2:4, les dijo que regresaran a los hechos que hicieron en el comienzo. Posiblemente eso sería un buen consejo para nosotros también. Nuevamente, vemos el énfasis bíblico en sostener lo que nos trajo aquí—nuestro fundamento. Nuestros inicios tienen que ser reconocidos, honrados y valorados para que sean útiles en todo lo que estamos edificando. No debemos olvidarnos de lo que nos hizo llegar aquí. No fue la tecnología, programas brillantes con luces y sonido. Tampoco fue por medio de grandes campañas y esfuerzos unidos con iglesias múltiples involucradas, aunque estas cosas son valiosas. Fue Él. Él llegó a ser pronunciado y conspicuo en y sobre la Iglesia por medio de la obra del Espíritu Santo, dentro y a través de Su pueblo. Las personas rendidas, a veces ignorantes y sencillas, son las herramientas más grandes en la mano del Señor.

APRENDIENDO DE LA CULTURA

Uno de mis anuncios favoritos de todos los tiempos es un comercial de United Airlines de 1990. Me pongo a verlo en YouTube de cuando en cuando. Aun se lo he mostrado a nuestro personal. En el comercial, el dueño de un negocio anuncia, "Recibí una llamada esta mañana, de uno de nuestros clientes más antiguos. Nos despidió. Después de 20 años, nos despidió. Dijo que ya no nos conocía. Creo que sé por qué. Antes hacíamos negocios con un apretón de manos. Cara a cara. Ahora es con una llamada telefónica. Luego un fax: 'Me contacto contigo más tarde'. Con otro fax, probablemente. Pues bien, algo tiene que cambiar. Es por eso que vamos a salir para tener una reunión cara-a-cara con cada cliente que tenemos". Uno de los hombres se opone diciendo, "Pero Ben, ¡eso tiene que ser más de 200 ciudades!" a lo que el jefe responde, "No me importa". En ese momento, alguien llega con una pila de boletos de avión. Él luego los reparte entre cada uno de los miembros de su equipo. Entonces uno de ellos le pregunta al dueño a donde va él. Él contesta, "A visitar a ese viejo amigo que nos despidió esta mañana".

Tengo que admitir que lágrimas vienen a mis ojos en los momentos más vergonzosos, no siempre cuando les parece razonable a los demás en el salón. Y éste es una de esas ocasiones. Siempre me conmueve de maneras que son difíciles de explicar. Es tan fácil en el ministerio olvidarnos de lo que nos hizo llegar al lugar donde estamos, probando alguna medida de bendición y el favor de Dios. Nuestro problema es que supuestamente nos convertimos en expertos, dejando atrás la sencillez de la obediencia y fe de niño que nos trajo a aquel lugar de avance. Es la conexión honesta y auténtica, cara a cara con Dios y Su pueblo lo que Él valora. Este ejemplo, por tonto que pueda parecer a algunos, ilustra lo que es importante en la vida de la Iglesia y es crítico para el avivamiento. Tenemos que mantener la sencillez de la devoción a Cristo que nos llevó a un lugar de derramamiento significante. El papel de continuamente colocarnos en el altar de Su obra poderosa es lo que mantiene el fuego ardiendo.

DISEÑO ORIGINAL

Hace muchos años, escuché a un gran líder en el cuerpo de Cristo relatar una historia divertida de algo que experimentó como pastor. La congregación estaba creciendo asombrosamente y ya no tenían espacio. Por tal motivo, estaban construyendo un nuevo santuario. Personalmente, él no tenía habilidades en la construcción, en absoluto, sin embargo, quería estar involucrado de alguna manera. Finalmente, el contratista encontró algo que confiaba que el pastor podría hacer. (No recuerdo los números precisos de esta historia, pero el principio no queda afectado).

Le pidió al pastor que cortara 100 tablas de madera a una longitud de ocho pies cada una. El pastor estaba emocionado de participar. Así que, después de que todos se fueron ese día, él comenzó a trabajar en su tarea. Tomó la primera tabla, la midió hasta ocho pies con su cinta métrica, la marcó con su lápiz y cortó la madera. Luego guardó la cinta métrica y utilizó la tabla recién cortada para medir la siguiente pieza. Le pareció que sería mucho más fácil que tener que usar la cinta métrica 99 veces más. Trazó una línea al final de la tabla, luego quitó la tabla cortada previamente, la colocó en una pila, y cortó la nueva según la línea que había marcado con el lápiz. Luego tomó la nueva tabla recién cortada, la puso encima de la siguiente tabla, y la cortó. El problema con ese método de medir es que cada vez que medía usando la tabla previamente cortada y marcaba una línea, quedaba aproximadamente un octavo de pulgada demasiado larga. Eso no sería mucho problema si solo estaba cortando dos o tres piezas. Pero tener 100 tablas de madera aproximadamente un octavo de pulgada más larga que la previa causó que las últimas tablas midieran alrededor de nueve pies de largo. Su tarea era cortarlas a ocho pies. Las pequeñas divergencias resultan en grandes errores con el tiempo.

Ésta es una poderosa lección para mí personalmente, como habla acerca de adherirse al estándar original para lo que Dios pretende hacer en nuestra vida. El Cristo resucitado es nuestro ejemplo: Jesús es teología perfecta. Nos acercamos a la vida de la iglesia de esta manera, comparándonos con la previa generación con *solo un octavo de pulgada de diferencia*. Pero después de 2000 años de diferencias de un octavo de pulgada, tenemos una Iglesia con valores, prioridades y estilos de vida que no se parecen en nada al estándar original encontrado en Jesucristo. Y para colmo, muchos consideran que es una virtud no perseguir la liberación, sanidad, salvación y transformación cultural. Jesús describió Su intento de esta manera:

> *Ciertamente les aseguro que el que cree en mí las obras que yo hago también él las hará, y aun las hará mayores, porque yo vuelvo al Padre.[13] Cualquier cosa que ustedes pidan en mi nombre, yo la haré; así será glorificado el Padre en el Hijo. Lo que pidan en mi nombre, yo lo haré. Si ustedes me aman, obedecerán mis mandamientos* (Juan 14:12–15).

Este pasaje, respaldado por el estilo personal de vida de nuestro Maestro de amor, milagros y pureza, es la pieza de madera de ocho pies. Lo que pasa en la mayoría de nuestras iglesias es que la tabla se sigue cortando un octavo de pulgada más larga que la generación previa y/o movimiento previo hasta que, 2000 años después, terminamos con una vida en la iglesia que tiene poca semejanza al estándar. Para empeorar el asunto, nosotros los líderes redefinimos lo que debemos estar haciendo para que encaje en aquello que hacemos bien. De esa manera nos podemos sentir bien con nosotros mismos y nuestro éxito. Yo no estoy en esto para sentirme bien conmigo mismo. Estoy en esto porque Él me llamó a Él y me dio vida. Ahora soy responsable de hacer lo que Él dijo, creer lo que Él prometió, obedecer Su comisión, todo dentro del contexto del amor y la pureza.

Cuando digo esta clase de cosas, nunca es con la intención de traer vergüenza o culpa. Eso no ayuda. De hecho, mi deseo es lo contrario. Hacer tales decretos es para extender a cada persona una invitación a tener verdadera hambre del Reino. Es una invitación a perseguir y abrazar todo lo que Dios ha prometido y tiene como propósito para nuestras vidas y ultimadamente esta generación. Simplemente no podemos salir con la nuestra al reducir nuestra tarea a aquello que hacemos bien. Por ejemplo, es posible que yo nunca sea bueno en cuanto a un estilo de vida de milagros. No hace ninguna diferencia. Somos llamados a esto y necesitamos tomarlo en serio. Y en respuesta al llamado, debo abrazarlo con todo mi corazón.

JESÚS, LA PERSONA DE AVIVAMIENTO

Jesús es avivamiento personificado. Tantas cosas resaltan al examinar la vida de Cristo, y cada una testifica de la vida de avivamiento: Su compasión, sabiduría, Sus enseñanzas y perspectivas poderosas, milagros, y su habilidad de atraer a Él a quienes parecían merecerlo menos. Se han escrito volúmenes que simplemente describen Su vida y Su impacto. El avivamiento es redescubrir la belleza y maravilla de Jesús. Él, a través de la obra del Espíritu Santo, viene al frente de nuestro pensamiento nuevamente en cada gran mover de Dios. Para mí es Su poder, Su amor, Su sabiduría y Su pureza. Esas cuatro cosas expresan para mí quién es Jesús. Y expresan la naturaleza de avivamiento. Como lo expresó Leonard Ravenhill, "Dios es un avivamiento contenido".[4]

---

4.   Leonard Ravenhill, *Why Revival Tarries,* (Bloomington, MN: Bethany House Publishers, 2004), 140.

Creo que es natural que nos atraigan diferentes aspectos de Su vida. Nos vemos atraídos a aquello que nos ha impactado más. La manera en que trató a la mujer descubierta en adulterio ilustra Su compasión de manera hermosa y es una expresión de avivamiento. Su amor por los niños, y no permitir que los discípulos solo les dieran importancia a los adultos, resalta para otros. El punto es, todos nos sentimos atraídos a cosas diferentes acerca de Jesús. Y aunque quedo especialmente conmovido por historias específicas, no tengo el lujo de decidir qué partes de Su vida estoy dispuesto a seguir.

He escuchado a personas reaccionar al énfasis en la sanidad y decir, "La sanidad no es el Evangelio completo". Y mi respuesta es, "Sí, eso es cierto. Pero el Evangelio tampoco es completo sin el aspecto de la sanidad". Es parte de un mensaje mucho más grande: La salvación debe al hombre íntegro—espíritu, alma y cuerpo. Pero a veces cuando algo se ignora, o se pone a un lado porque causa controversia o dolor, entonces es tiempo de darle énfasis por un tiempo hasta que sea lo suficientemente sano como para sostenerlo como una parte normal de nuestro estilo de vida. Pero hasta entonces, recibe énfasis extra para llevarlo a su lugar debido. Hacemos eso con nuestras dietas. A veces nos faltan ciertas cosas, así que incrementamos, por ejemplo, cuánta Vitamina C tomamos, hasta que nuestra salud se vuelva más estable.

A menudo, cuando ciertas cosas son enfatizadas por cierto grupo o cierta persona, otra persona dirá: "Esa enseñanza está fuera de equilibrio". Recuerdo la primera vez que escuché a alguien hablar de equilibrio; fue una palabra liberadora, porque conllevaba el entendimiento de que a menudo necesitamos abrazar ideas o prácticas contradictorias para llegar a un lugar de salud. Pero para ser honesto, la mayoría de las veces que escucho el uso de esta palabra hoy es para decirme lo que no puedo tener. Prohíbe; no invita. Para muchos, el equilibrio está en medio del camino, algo entre el gozo y la depresión, o entre caliente y frío. Eso no es el Evangelio. Pero si equilibrio para ti significa: "al rojo vivo por el poder el Espíritu" y "al rojo vivo en tu pasión por la Palabra de Dios", entonces llámame equilibrado. Eso es lo que persigo. Nunca es o una cosa o la otra.

ÉL SE HACE CONSPICUO

El avivamiento es una temporada en que la presencia de Dios se manifiesta mucho más abiertamente. Su presencia y Su voluntad llegan a ser lo que les preocupa a los hambrientos. En el avivamiento, la cercanía de Dios se convierte en el factor más dominante. Algunos argumentarán que Dios siempre está con nosotros, y que los avivamientos son meramente una exageración de lo que ya existe. Es verdad que Él está con nosotros y nunca nos abandonará. Pero por cierto que sea esa afirmación, es igualmente incompleta en todos los sentidos. Él se hace conspicuo para aquellos que tienen hambre por Él, como Él es quien prometió, *"Me dejaré hallar de ustedes"* (Jeremías 29:14 NBLA).

He visto ocasiones en que la presencia de Dios es tan pronunciada en una reunión que los músicos no han podido tocar, los cantantes no han podido cantar, los predicadores no han podido predicar, y la necesidad de tener actividades cristianas casi desaparece. ¿Por qué? Él está entre nosotros, y nada más importa. La conciencia de Su presencia es tan pronunciada que todo lo demás se desvanece el olvido. Los horarios se disuelven, las ansiedades desaparecen, y la reconciliación está en el aire. La necesidad de hacer algo para satisfacer nuestra definición de una buena reunión se va mientras que la confesión, el arrepentimiento y la restauración en las relaciones personales llegan a ser comunes aunque rara vez se da dirección para ese efecto desde la plataforma. En tales momentos, ha habido personas que me han pedido que invite a las personas a tener fe en Cristo. "¿Cuándo vas a hacer un llamado al altar?" Otros han sido milagrosamente sanados cuando nadie estaba orando por sanidad. Y aun otros obtienen la mente sana que se les prometió en su salvación. Entre más poderosa la presencia manifiesta de Dios entre nosotros, menos tenemos que hacer, salvo, por supuesto, responder a Él. Él dirige "la danza", y a nosotros nos toca seguir. Nuestro papel en dirigir la reunión se detiene. Él está allí. Y Él es Señor.

La belleza de esta clase de reunión, que nosotros no podemos provocar que suceda, es que la gloria que se ha experimentado en la reunión corporativa con frecuencia nos sigue a casa. La paz y el gozo llenan nuestros hogares de nuevas maneras, mientras que nuestro lugar de trabajo pasa por su propia transformación. A veces las personas quieren saber qué es lo que tenemos de diferente. Pueden percibir que algo ha sucedido, pero no pueden señalar exactamente qué es. Hay otras ocasiones cuando Su presencia está sobre mí de una manera tan fuerte que no puedo dormir. A veces es el fuego de Su presencia, a veces es Su fuerte poder. No lo analizo. Pero tampoco le pediré que lo quite. Lo veo como Su manera de llamarme a Él, y tengo que decir sí.

Supongo que también es necesario decir que en tales tiempos de gloriosa presencia, Él igualmente nos lleva a un estudio disciplinado de la Palabra, a grupos pequeños para relaciones significativas, y a tiempos maravillosos de acción de gracias, alabanza y adoración. Él es quien nos lleva a las partes más significativas de la vida, cada una en su propio lugar y su propio tiempo. Y podemos y debemos siempre confiar en Su dirección.

Hay muchas maneras de describir esta misteriosa pero maravillosa gracia que se desata sobre el pueblo de Dios. Generalmente lo definimos por lo que valoramos más en el Evangelio, sean almas salvadas, cuerpos sanados, o una nueva gracia para la adoración y la prioridad en las reuniones de deleitarnos en Su presencia. Todo esto, y más, es cierto. Pero es mejor dejar la dirección a Él y aprender a seguir Su dirección.

HECHOS CAPÍTULO 2

Muchos estarán de acuerdo en que la Iglesia nació el día de Pentecostés en Hechos 2. Todo este capítulo es avivamiento. Personalmente creo que cuando menos 11 de ellos ya habían nacido de nuevo, ya que Jesús les había dado el Espíritu Santo en Juan 20. Esto ocurrió antes de Pentecostés.

> *Después de decir esto, sopló sobre ellos y les dijo: "Reciban el Espíritu Santo"* (Juan 20:22).

Dado que todo creyente recibe al Espíritu Santo cuando nace de nuevo, me parece que éste fue el momento cuando los once discípulos que habían quedado fueron convertidos. Así que, cuando se les instruyó que permanecieran en Jerusalén para *"la promesa del Padre"*, para ser investidos con *"poder de lo alto"* y *"bautizados en el Espíritu Santo"* (ver Hechos 1:4; Lucas 24:49; y Hechos 1:5, respectivamente)—palabras diferentes para la misma experiencia—fue para ayudarles a obtener lo que no habían recibido en su conversión.

Para que estos discípulos pudieran funcionar como Jesús tenía planeado, necesitaban tanto poder como autoridad. A estos discípulos se les dio la autoridad en su comisión en Mateo 28:19. Pero también necesitaban poder, que solo podía venir por medio de un encuentro. Sé que muchos pensarán de manera diferente que yo en este punto de que el bautismo en el Espíritu es un segundo toque, y está bien. Pero que no pierdan el hecho de que el poder viene a través de encuentro. Nunca hubo la intención de que ser *"investido de poder de lo alto"* fuera reducido a una doctrina o un punto en nuestra declaración de fe. Fue una experiencia. Un encuentro. Fue el inicio de una travesía relacional que introduciría a

Sus seguidores a un estilo de razonamiento superior de todas las maneras posibles. Fue la clase de razonamiento que tenía como su ancla, *"nada es imposible para Dios"* (ver Lucas 1:37). Y tener eso como un fundamento cambia todo.

Nuestro encuentro en el bautismo en el Espíritu Santo es el derramamiento que cambió para siempre el curso de la historia humana. Ahora, en vez de que Jesús, el Hijo ungido de Dios camine sobre la tierra, demostrando la maravilla del Reino de Dios por medio de revelar el corazón del Padre, potencialmente millones de Sus seguidores pueden ser investidos con el mismo poder. Todo es posible gracias a este día llamado Pentecostés. Es un hermoso don de la gracia de Dios. Pero los errores de algunos han causado que muchos se aparten de esta clase de estilo de vida, convencidos de que es demasiado peligroso intentar. A mi manera de pensar, es demasiado peligroso no hacerlo. Después de todo, Él reina sobre todas nuestras voluntades—*"en la tierra como es en el Cielo"*.

UN NOVIA NACE

En un sentido muy real, el nacimiento de la Iglesia, que es la Novia de Cristo, fue hecho posible por el acto profético cuando la lanza perforó el costado de Jesús. Como Eva fue tomada del costado de Adán, cuando el Padre tomó una costilla e hizo a la mujer, así mismo la Novia de Cristo fue tomada del costado de Jesús cuando fue perforado con la espada. La base para la existencia de la Iglesia vino cuando se derramó la sangre y el agua. De esto el profeta habló: "En aquel día habrá una fuente abierta para la casa de David y para los habitantes de Jerusalén, para *lavar* **el pecado y la impureza**" (Zacarías 13:1). La sangre trata con el pecado, y el agua, *"el lavamiento del agua con la palabra de Dios"* (ver Efesios 5:26) trata con la impureza y la contaminación de vivir en un mundo pecaminoso. Esas dos expresiones de la gracia de Dios hacen que la Iglesia, Su Novia sin mancha, sea posible.

Los sacerdotes del Antiguo Testamento tenían una práctica similar del cual podemos aprender. Cuando entraban a los terrenos del tabernáculo, primero se encontraban con el altar de bronce sobre el cual se hacían sacrificios de animales, con el derramamiento de sangre, para posponer el castigo del pecado por un año más. Pero después de la necesidad de que se derramara sangre, todavía era necesario el lavamiento de agua. Esto se hacía en la siguiente estación, la fuente de bronce. Era allí donde trataban con la contaminación que proviene de las tareas del ministerio. No se trataba de sus pecados. Se trataba con eso con el derramamiento de sangre en el altar de bronce. Era porque vivían en un ambiente impuro. Si alguna vez hubo una lección para nosotros con respecto a la necesidad de constante aporte y limpieza por la Palabra de Dios, está aquí. Limpia. Y a la misma vez, como una espada corta profundo, misteriosamente trayendo sanidad donde corta.

En esencia, el avivamiento se hace posible al encontrarse con Dios. Ese encuentro, sin importar qué tan extremo o sutil, lleva consigo la semilla del avivamiento, que es la semilla de reforma—lo que puede cambiar una nación si es administrada bien. Míralo de esta manera: Hay un roble en una bellota si se cuida bien a la bellota. Pero también está disponible un bosque de robles a través de las semillas de un solo roble. El resultado está escrito en la naturaleza de la semilla, pero requiere la mayordomía correcta por parte de las personas que la están cuidando, en este caso, las personas afectadas por el avivamiento. Así es con un toque de Dios. Lleva la semilla de transformación, no solo para nuestras vidas, sino que es suficiente para una nación. Ésta es la responsabilidad que viene con encontrarse con Dios

CARACTERÍSTICAS DEL AVIVAMIENTO[5]

1. Ocurrieron en tiempos de oscuridad moral y depresión nacional;

2. Cada uno empezó en el corazón de un siervo consagrado de Dios quien llegó a ser el poder energizante detrás de él;

3. Cada avivamiento se apoyó en la Palabra de Dios, y la mayoría fueron el resultado de proclamar la Palabra de Dios con poder;

4. Todos resultaron en el regreso a la adoración a Dios;

5. Cada uno fue testigo de la destrucción de ídolos donde existían;

6. En cada avivamiento, se registró una separación del pecado;

7. En cada avivamiento, las personas volvieron a obedecer las leyes de Dios;

8. Hubo una restauración de gran gozo y alegría;

9. Cada avivamiento fue seguido por un período de prosperidad nacional.

---

5. Winkie Pratney, *Revival: Principles to Change the World*, (Christian Life Books, 2002), 13.

ASÍ QUE, ¿QUIÉN SE OFENDIÓ?

Encontré que muchas de las manifestaciones que nos dijeron que ofenderían al creyente solo ofendieron al creyente que no estaba dispuesto a cambiar. Me sorprendió un tanto que la mayoría de los no creyentes apenas tomaron nota de lo que enoja a muchos cristianos. Parecían esperar que lo sobrenatural (las cosas que no podían entender) estuviera presente si Dios estaba allí. Las personas esperan que esto va a alejar a los no creyentes. Por su mayor parte el derramamiento solo alejó a creyentes a quienes les habían enseñado que cualquier cosa fuera de la asistencia regular a la iglesia y las disciplinas personales no eran de Dios. Si podemos aprender algo del derramamiento del Espíritu en Hechos 2, es que entre aquellos que se burlaron y estaban confundidos, 3000 almas se añadieron a la iglesia en un día. Si queremos el mismo fruto y avance visto en la Iglesia primitiva, tendremos que quitar nuestras manos de las riendas de lo que Dios está dirigiendo.

Capítulo Cinco

ORAR POR AVIVAMIENTO

Cada derramamiento del Espíritu es precedido por intercesión seria y agonizante, acompañada por un corazón quebrantado y humillación ante Dios.[6]
Leonard Ravenhill

L A oración es sin duda el ingrediente o herramienta número uno usado para traer avivamiento. En libro tras libro acerca de la historia de avivamiento, esta característica se destaca como el elemento primordial. Creo que esto es absolutamente cierto. Un versículo maravilloso en cuanto a esto es, *"Pidan lluvia al Señor en el tiempo de la lluvia tardía"* (Zacarías 10:1). Proféticamente hablando, esta lluvia es el derramamiento del Espíritu Santo del que también se habla en Joel 2. Sí lo encuentro interesante que se nos manda a orar por algo que o ya está sucediendo o que debe suceder en la temporada en la que estamos—*el día de la lluvia tardía.* Orar de esta manera nos alinea adecuadamente con el corazón de Dios, que es el valor fundamental de la oración.

Pero tengo que admitir que tengo dificultad con esto también, ya que he leído de incontables grandes líderes en el cuerpo de Cristo que han orado por avivamiento, algunos por décadas, pero que murieron sin

---

6. Leonard Ravenhill. *Why Revival Tarries* (Minneapolis: Bethany House Publishers, 2004), 20.

haber experimentado uno. Muchos maravillosos hombres de Dios en Inglaterra, por ejemplo, oraron por un mover de Dios, y aun visitaron el derramamiento que estaba sucediendo en Gales, mas nunca experimentaron uno para ellos mismos. No quiero criticar a ninguno de ellos, como han quedado en la historia, como debe ser, como líderes quienes verdaderamente vivieron por Jesús e impactaron a naciones a través de sus estilos de vida santos y ministerios poderosos. Pero no creo que haya sido la voluntad de Dios que estos hombres se perdieran de aquello por lo cual estaban orando.

CHARLES FINNEY ESTABLECE UN ESTÁNDAR

Charles Finney fue uno de los más grandes instrumentos de avivamiento de los Estados Unidos. Su travesía personal parece establecer un patrón para entrar a las cosas mayores de Dios, especialmente con respecto a la oración seguida de avance victorioso. Quiero que caminemos juntos a través de una pequeña parte de su historia para ayudar al lector a ver el testimonio de este cambiador del mundo, con el entendimiento de que el mismo Dios de Charles Finney vive dentro de nosotros. [7] Podemos y debemos esperar más.

Finney escribió acerca de sus primeros encuentros con reuniones de oración y su aparente falta de respuestas a sus oraciones. Esto fue en su estado pre-conversión. Aquellos que asistían a la reunión de oración en una ocasión le preguntaron si él quería que oraran por él. Él les dijo que no. Lo dijo porque él no veía que Dios contestara sus oraciones. Confesó que probablemente necesitaba oración, como estaba consciente de

---

7. Hablo más de su vida en mi libro con Jennifer A. Miskov, PhD, *Defining Moments: God-Encounters with Ordinary People Who Changed the World.* (New Kensington, PA: Whitaker House, 2016).

su condición pecaminosa. Pero no parecía que haría bien alguno que ellos oraran por él, como continuamente le estaban pidiendo cosas a Dios, pero nunca parecían recibir. De hecho, habían estado orando por años por un avivamiento, pero seguían quejándose del pobre estado de su alma. Él dijo, "Ustedes han orado lo suficiente desde que yo he asistido a estas reuniones como para sacar al diablo [de su ciudad]. Pero aquí están, orando y orando, y aun quejándose".[8] Después dijo que él se daba cuenta de que éstas eran personas genuinas y sinceras que eran verdaderos seguidores de Cristo. Pero nadie les había enseñado cómo orar y obtener resultados.

Finney dijo, "Esta inconsistencia, el hecho de que oraban tanto pero que no recibían respuesta, fue una triste piedra de tropiezo para mí".[9] Favor de tomar nota que uno de los más grandes testimonios del hecho de que somos personas de fe es que obtenemos respuestas a nuestras oraciones. De hecho, me gusta desafiar a las personas con este encargo: Le debes a Dios respuestas a tus oraciones, y les debes a las personas respuestas a tus oraciones. Sé que suena como una afirmación errónea. Pero considera esto. Tendemos a pensar que declaraciones como esa están equivocadas porque creemos que las oraciones no contestadas de Dios es la culpa de Dios, la cual llamamos "la soberanía de Dios". Yo digo que no lo es. Tenemos que llegar a reconocer que la falta de respuestas a oraciones no forma parte de la ecuación de Dios, sino la nuestra. El pacto y la promesa de Dios son más que adecuados como para que tengamos un estilo de vida lleno de oraciones contestadas. El ajuste depende de nosotros.

---

8. Charles Grandison Finney, *Memoirs of Reverend Charles G. Finney Written by Himself* (New York: A.S. Barnes, 1876), 13–23.

9. Ibid.

EL BAUTISMO DE FUEGO DE FINNEY

Finney más tarde experimentó una conversión y un bautismo en el Espíritu que lo posicionó para impactar a una nación con el Evangelio. Él describe esa experiencia:

Debí haber continuado en este estado por un buen rato... regresé a la parte del frente de la oficina y encontré que el fuego que yo había hecho de piezas grandes de leña estaba casi apagado. Pero al voltearme, y a punto de sentarme al lado del fuego, recibí un poderoso bautismo del Espíritu Santo. Sin ninguna expectativa de ello, sin siquiera haber tenido en mi mente la idea de que algo así estaba disponible para mí, sin haber tenido memoria de haber escuchado nunca a nadie en el mundo mencionarlo, en el instante más inesperado por mí, el Espíritu Santo descendió sobre mí en una manera en la que parecía correr a través de mí: de mi cuerpo y de mi alma. Sentí como si una ola de electricidad corriera a través y dentro de mí. De hecho, parecía que el Espíritu Santo fluía como olas y olas de amor líquido, porque yo no podría expresarlo de ninguna otra manera. Parecía ser el mismo aliento de Dios. Puedo recordar distintivamente que parecía abanicarme, como alas inmensas.

No existen palabras que puedan expresar el maravilloso amor que fue derramado en mi corazón. Lloré en voz fuerte con gozo y amor; y no lo sé, pero debo decir, literalmente, exclamaciones efusivas e indecibles brotaron de mi corazón. Estas olas vinieron sobre mí, y sobre mí, y sobre mí, una tras otra, hasta que recuerdo que exclamé, "Moriré si estas olas siguen pasando sobre mí". Dije, "Señor, no puedo soportar más"; pero no tenía temor de morir.[10]

A través de la historia las personas han tenido encuentros con Dios que han cambiado sus vidas. Nuevamente, algunos se centran en el poder y otros son cognitivos. Pero cada uno inyecta la vida en el creyente con una gracia para traer transformación al mundo en su derredor. Finney se convirtió en tan gran portador de la presencia de Dio, que llegó a ser conocido como alguien que podía afectar sus entornos sin siquiera decir una palabra.

La presencia de Dios sobre este hombre era tan poderosa que en una ocasión entró a una fábrica y se paró delante de los obreros, pero no dijo nada. Uno por uno, los obreros cayeron sobre sus rodillas, confesando sus pecados, volviendo sus corazones a Jesús. Aquí está la historia en sus propias palabras.

Me acerqué lentamente, mirando cada lado de la maquinaria mientras pasaba; pero observé que esta muchacha se volvía más y más agitada y que no podía seguir con su trabajo. Cuando me encontré a unos ocho o pies de distancia de ella, la miré solemnemente. Ella lo observó, y luego, sobrecogida, cayó al suelo y estalló en llanto. La impresión se extendió como pólvora, y dentro de unos pocos momentos, casi todos los que estaban allí estaban llorando. Este sentimiento se extendió por toda la fábrica. El Sr. W__, el dueño del establecimiento, estaba presente, y al ver el estado de las cosas, le dijo al superintendente, "Para al

---

10. Charles Grandison Finney, *Memoirs of Reverend Charles G. Finney Written by Himself* (New York: A.S. Barnes, 1876), 13–23.

molino, y permite que la gente se enfoque en la religión, porque es mucho más importante que nuestras almas se salven que esta fábrica esté funcionando". Inmediatamente cerraron el portón, la fábrica paró sus funciones, ¿pero dónde nos podíamos reunir? El superintendente sugirió que el lugar donde guardaban las mulas era grande, y si las mulas no estaban allí, podíamos reunirnos allí. Así lo hicimos, y pocas veces he asistido a reuniones más poderosas. Continuó con gran poder. El edificio era grande, y tenía a muchas personas adentro, desde las partes altas hasta el sótano. El avivamiento surgió por el molino con poder asombroso, y en el curso de pocos días, casi todas las personas en el molino se convirtieron (así esperamos).[11]

Ésta es verdaderamente una de mis historias favoritas en la historia del avivamiento. Resalta la dependencia absoluta en la presencia del Espíritu Santo sobre nosotros para lograr Sus propósitos mientras que a la vez ilustra el factor crítico de guiar a las personas a Jesús en arrepentimiento. Es verdaderamente hermoso cómo resalta que el propósito de la oración es ser poseído por Dios.

Hay gran número de historias de cómo Dios usó sobrenaturalmente a este solo hombre. Muchas son difíciles de creer porque nos hemos acostumbrado a la falta.

Sus historias son espectaculares. Y aunque Finney es un nombre muy conocido entre los estudiantes de avivamiento, no todos conocen el nombre de Daniel Nash. Este gran hombre de oración iba antes que Finney a las ciudades que él estaba a punto de visitar. Nash iba allí para orar. Punto.

---

11. Charles Grandison Finney, *Memoirs of Reverend Charles G. Finney Written by Himself* (New York: A.S. Barnes, 1876), 13–23.

El impacto de sus oraciones era tan grande que el avivamiento que poco después experimentaban convertía a todo el pueblo. El impacto del avivamiento y las conversiones correspondientes traían cambios culturales y mejorías a la sociedad en general. Como ha sucedido a través de la historia del avivamiento, el crimen cesaba, el alcoholismo desaparecía, y la policía tenía poco que hacer. En algunos lugares, incluso las cárceles quedaban vacías por años después de un avivamiento de Finney. Interesantemente, Finney dejó de viajar y tener reuniones de avivamiento después de que Nash partió con el Señor. ¿Por qué? Él sabía. La fuerza y los avances victoriosos de su ministerio ocurrían por las intercesiones de un hombre mayormente desconocido—desconocido aquí, pero bien conocido y celebrado en el Cielo.

ARGENTINA—OMAR CABRERA ORA

Tuve el privilegio de conocer a Omar Cabrera a finales de los años 90 cuando viajé a Argentina con Randy Clark. Cabrera fue uno de los grandes instrumentos de avivamiento allí, quien también sabía cómo orar y obtener resultados. Algunos de los milagros de sus reuniones todavía resaltan en mi mente hoy como algunos de los hechos más grandes de Dios en la historia de la Iglesia. Me dio tanto gozo escuchar de este gigante de la fe. Milagros llenaron su vida, y él plantó iglesias por toda la gran nación de Argentina a través del avivamiento que él llevaba.

Randy frecuentemente habla acerca de los tiempos que pasó con Omar, así como de cuando hablaba en las iglesias que había plantado. No tenían que ser convencidos de la bondad de Dios ni de Su poder. Estas iglesias se iniciaron a través de la invasión de milagros de Dios en sus situaciones imposibles por medio del ministerio de Omar. Y por gloriosas que sean estas historias, lo que me conmueve más profundamente son las historias de cómo él oraba.

Omar explicaba cómo él iba a una ciudad dada, conseguía una habitación en un hotel, y oraba. A veces oraba por treinta días antes de iniciar sus reuniones tipo avivamiento. No es una fórmula. Él no oraba para llenar su cuota. Él oraba hasta que percibía una victoria en el Espíritu. Frecuentemente no oramos hasta que haya una victoria porque no hemos aprendido a reconocer la presencia de Dios en maneras que Él nos ha puesto a nuestra disposición. Una vez que Omar percibía una victoria en el Espíritu, comenzaba las reuniones. Es importante entender que estas reuniones no necesariamente empezaban con grandes multitudes a pesar de que Omar había sentido la unción para obtener un avance victorioso. Pero luego una obra milagrosa tan fuerte ocurría en el lugar con la pequeña cantidad de personas, que entonces grandes cantidades de personas empezaban a asistir a las reuniones. Estas reuniones encendieron el espíritu de avivamiento en ciudad tras ciudad, con el testimonio continuo de las obras milagrosas de Dios que florecían en esas ciudades.

ORAR HASTA OBTENER VICTORIA

Mi hermano Bob es diez años menor que yo. Cuando él tenía 11 meses de edad, casi murió. De hecho, los médicos dijeron que estaba a unas horas de morirse. Mis abuelos, los padres de mi mamá, habían tenido un niño que había muerto a los 11 meses. No hace falta decir que estaban profundamente consternados por la condición de mi hermano y la situación de nuestra familia. Nunca olvidaré cómo mi abuelo se arrodilló en la sala de estar para orar. Empezó por la mañana y estuvo allí por horas. Se levantó como a las dos de la tarde y le dijo a la familia, "Bobby va a estar bien". Cuando mis papás regresaron al hospital, los médicos los recibieron con las buenas noticias. "Algo ocurrió hoy alrededor de las dos de la tarde, y Bobby va a estar bien". Orar hasta que haya victoria es el secreto. Pero aprender a reconocer la victoria es el desafío.

¿Cómo podemos crecer en nuestra habilidad de reconocer la victoria en el Espíritu antes de que se manifieste en nuestras circunstancias? Es completamente a través de reconocer Su presencia. Los cuatro métodos que Dios usa con más frecuencia para entrenarnos en esta área son la oración (una conversación entre los dos), la lectura de las Escrituras (donde reconocemos que Él está resaltando un pasaje o frase), escuchar la predicación de la Palabra (donde aprendemos a percibir un cambio en la atmósfera por medio de la Palabra hablada), y la adoración.

Frecuentemente oramos lo suficiente para apaciguar nuestra conciencia, pero no lo suficiente para hacer una diferencia. Los avivamientos no son el resultado de oraciones simbólicas. Si las oraciones no me mueven a mí, no lo moverán a Él. ¿Cómo saber que has orado hasta lograr victoria? Al hacerlo una y otra vez. Es en el proceso, con Él, que aprendemos a reconocer Su corazón en una situación dada. Su presencia cambia en el flujo de nuestras oraciones. Es posible aprender a reconocer a Dios de la misma manera en que podemos reconocer si nuestro amigo más querido está feliz o triste, preocupado o tranquilo. Estamos en una travesía relacional con Dios. Aprendemos a reconocer Su corazón.

Es vital que aprendamos a reconocer el Espíritu que abre brecha para traer avances y victorias. Esto ocurre primero porque hemos aprendido a llevar la carga del Señor en oración. Cuando esa carga se levanta, sabemos que ha terminado o que cuando menos algo ha cambiado. A veces puedes ver victoria porque tus peticiones se convierten en decretos. A veces es porque estás excepcionalmente agradecido por la respuesta antes de verla manifestarse por completo. Dar gracias siempre es una parte muy grande de nuestra vida de fe. Pero no estoy hablando aquí de dar gracias como una respuesta calculada y disciplinada a Él para mostrar que confías en Él. Me refiero al hecho de que un gozo inimaginable ha surgido en nuestros corazones, y no hay ninguna otra explicación, salvo de que la oración ha sido contestada. En el lugar de una carga, hay gozo. En el lugar de clamores de intercesión, hay decretos de las grandes promesas de Dios y victorias aseguradas. Todos podemos aprender estas maneras varias de reconocer cuando el espíritu que abre brecha está sobre nosotros. ¡Y es en este momento que tenemos que actuar!

EL ACTO DE FE

La fe viene del corazón, no de la mente. Y sin embargo la fe se demuestra por medio de acciones, porque "la fe sin obras es muerta" (ver Santiago 2:17). He aquí la razón por qué quise escribir este capítulo y he estado trabajando para prepararte para este punto sencillo, pero crítico, que sin embargo a menudo pasado por alto.

Las oraciones de fe tienen que ser seguidas de una acción de fe. Las oraciones por avivamiento requieren una acción consistente con la naturaleza de las oraciones que hemos orado.

Nunca olvidaré el maravilloso privilegio de escuchar al Dr. Paul Yonggi Cho hablar cuando yo era joven. Él es el pastor de la Iglesia del Evangelio Completo de Seoul, Corea, que frecuentemente se conoce como la iglesia más grande del mundo. Tiene cerca de un millón de miembros. Desde esa vez he tenido el honor de conocerlo personalmente y pasar tiempo con él en su oficina con mi querido amigo Ché Ahn. Qué tiempo más glorioso tuvimos. Especialmente cuando oró por nosotros. ¡Guau! Al preguntarle cuál era la clave de los increíbles avances y victorias que ha visto en su vida, contestó, "Oro y obedezco". Y eso fue todo. Casi es demasiado sencillo. Posiblemente esa sea la razón que muchos han escuchado su secreto y pocos lo han seguido completamente. Somos muy parecidos al general leproso a quien se le dijo que debía sumergirse siete veces en el río para ser sanado. Rehusó porque era humillante. Era demasiado simple para satisfacer su gran necesidad. Su siervo entonces le recordó que si se le pedía hacer algo grande y noble, lo haría. ¿Por qué no, entonces, hacerlo cuando el mandato era tan sencillo? Obedeció la dirección dada y fue sanado. Aquí está de nuevo, nada complicado: ora y obedece.

EL ANTIGUO TESTAMENTO HABLA

Hay una historia en el libro de Josué que Dios ha usado para ilustrar esta lección profunda dada por el Dr. Cho. La tarea de orar y obedecer tiene una aplicación específica que debemos abrazar para que podamos ver victoria continua en nuestras vidas. Veamos la historia de Jericó para encontrar lo que necesitamos en este punto. La historia se encuentra en Josué 6:6-16. La resumiré pero te animo a estudiarla personalmente.

Los hijos de Israel debían marchar alrededor de la ciudad de Jericó en silencio absoluto por seis días. El Arca del Pacto estaba con ellos. En el séptimo día, debían marchar alrededor de la ciudad siete veces. Esto también se hacía en silencio. Al final de esto, Josué les mandó, "¡Griten! Pues el Señor les ha entregado la ciudad". Y así hicieron. La muralla de esa ciudad se vino abajo.

> *"Entonces el pueblo gritó y* los sacerdotes *tocaron las trompetas; y sucedió que cuando el pueblo oyó el sonido de la trompeta, el pueblo gritó a gran voz y la muralla se vino abajo*[g]*. El pueblo subió a la ciudad, cada hombre derecho hacia adelante*[h]*, y tomaron la ciudad. Destruyeron por completo*[i]*, a filo de espada, todo lo que había en la ciudad: hombres y mujeres, jóvenes y ancianos, bueyes, ovejas y asnos"* (Josué. 6:20-21 NBLA).

Este proceso de marchar alrededor de la ciudad es un símbolo de nuestra travesía de oración. Ellos marcharon (oraron) como debían hacerlo. Y justo en el momento propicio hubo una expresión innegable de fe por la victoria a la mano. ¡El grito! Entonces los muros cayeron. Pero lo que parece ser un arte perdido en la Iglesia es que a menudo tenemos reuniones de oración, y aun el grito, pero nos olvidamos de que tenemos que entrar a la esfera en la que hemos orado para poseer mediante el uso de nuestro poder y autoridad. Israel todavía tenía que entrar a la ciudad y derrotarla. El punto es, *nuestras oraciones quitan los obstáculos a la victoria,* pero *es la acción de fe la que nos lleva adentro de la ciudad para tomar posesión de lo que hemos obtenido en oración.* La Escritura, *"el reino de los cielos sufre violencia y los violentos lo conquistan por la fuerza"* (Mateo 11:12) viene a la mente en este punto. La fe, y las acciones correspondientes, son las demostraciones de violencia en la esfera del espíritu.

Evan Roberts conocía esto bien cuando dijo, "El poder ridiculiza la fuerza del enemigo".

LA VIDA DE MILAGROS

A menudo me preguntan cómo aumentar la esfera de milagros en la vida de un creyente. No tengo un proceso de 1,2,3 puntos. Pero lo que he aprendido lo he tomado de la historia de Jericó. Oro. Me pongo a solas con Dios, donde le doy a conocer mis peticiones. La oración es como marchar alrededor de una ciudad. A veces estos son tiempos extendidos de oración y a veces son breves. Pero tienen que ser genuinos, en que me mueven profundamente a un lugar de búsqueda radical de, y entrega a, Su voluntad. Sé que la victoria es inminente cuando percibo que mis oraciones se están convirtiendo en decretos. Las oraciones de esta naturaleza tienen que ser seguidas por actos de fe. Me ayudó tanto escuchar a

John Wimber deletrear la palabra fe como R.I.E.S.G.O. Ese era el cambio sencillo que yo necesitaba en mi búsqueda de milagros que validan el Evangelio. Riesgo significa que debo buscar problemas que solo Dios puede resolver. Puede que sea cáncer, puede ser drogadicción, o cualquier de un millón de otros problemas que el enemigo ha introducido a las vidas de las personas. Sin importar el problema, Jesús está dispuesto y es capaz de resolverlo.

Tenemos que dejar espacio para que Dios actúe si vamos a ver que esto suceda continuamente. Si es una reunión, crea tiempo para orar por los enfermos. Si es tu hogar o negocio, mantente atento a aquellos con quienes te encuentras que tienen necesidades. El punto es, Él es el extravagante. Es vital que hagamos lugar para que Él venga y haga lo que solo Él puede hacer.

Cuando el cáncer desaparece, los oídos sordos se abren, o el tormento de la adicción se va, celebramos y le damos gracias a Dios. Tienen que haber expresiones de gozo. No es natural no tener gozo cuando Dios está obrando. A través de la Biblia, las respuestas de alabanza prorrumpen cuando un milagro sucede. No debemos tomar nada de la gloria para nosotros mismos sino darle a Él TODA la gloria por la cosa maravillosa que Él acaba de hacer. Cuando el cáncer no se va o la adicción permanece, tengo que regresar a mi cuarto de oración y orar más. Por sencillo que suene, mi vida es una de celebración y de dar gracias y alabanza por respuestas, y de regresar al lugar de oración por la falta de una victoria. Ir y venir, ir y venir. Orar y obedecer. Es sencillo, pero profundo.

ORACIÓN DE AVIVAMIENTO

Casi todo lo que he descrito en este capítulo está relacionado con avances y victorias personales. Esto no es un accidente. Los grandes moveres de Dios por lo general comienzan con una persona. Y luego esa persona administra lo que Dios le ha dado hasta que el fuego se extiende, impactando a grandes números de personas, y cambian regiones y-o moveres.

Tuvimos incendios horríficos aquí en Redding hace unos años. Hubo un punto cuando parecía que casi toda la ciudad iba a arder en llamas. Los fuegos masivos de hecho crean su propio sistema de clima, lo cual ocurrió en nuestro un caso. Fue un desastre que no se parecía a nada que hubiéramos experimentado antes. Gracias a Dios, el viento cambió de dirección. Y aunque más de 200,000 acres (81,000 hectáreas) se quemaron, incluyendo cerca de 1,100 casas más negocios, estaba por hacer más daño.

Si es posible visualizar esta clase de fuego extremo y fuera de control y convertirlo en algo positivo, entonces tienes una imagen de lo que es la oración de avivamiento. El avivamiento y la oración de avivamiento crean su propio sistema de clima. Esto es donde todo lo demás en nuestras vidas es llevado a este enfoque y propósito singular—el mover de Dios. Muchos quieren avivamiento, si puede encajar bien en su horario. Y mientras que hay aspectos de la vida que tienen que continuar, se vuelven radicalmente definidos por esta visitación de Dios que está marcando a todos a quienes toca con propósito eterno. Tal vez se pueda decir que nuestro contentamiento en ausencia de avivamiento es el verdadero impedimento al avivamiento.

RECONSTRUCCIÓN DEL ALTAR

La restauración de la vida espiritual de Israel frecuentemente empezaba con la reconstrucción del altar. Los avivamientos comienzan de la misma manera. El altar era el lugar donde se hacían sacrificios y se demostraba arrepentimiento profundo. Las piedras del altar eran piedras sin cortar, lo cual significa que nunca debemos venir ante Dios para rendirnos según nuestro propio diseño o control del momento. Venir ante Dios siempre ha sido a través de la gracia. Nuestros sueños, ambiciones, pecados y éxitos necesitan ser puestos en el altar de entrega total. ¿Importan nuestros sueños? Sí y no. Son de gran importancia en su lugar legítimo, porque revelan la naturaleza, las promesas y el pacto de Dios. Pero fuera de lugar, son destructivos en que compiten por los afectos y la devoción que solo deben ser dados a Dios. Las palabras de Jesús hablan de esta realidad: *"Busca primeramente el Reino de Dios y su justicia y todas estas cosas les serán añadidas"* (Mateo 6:33). Cuando el Reino de Dios ocupa el primer lugar en nuestra búsqueda, se nos puede confiar sueños cumplidos. Tales valores nos atraen a más cercanía con Él. Pero cuando nuestra búsqueda es para que nuestra voluntad se haga, entonces ya no es algo que nos lleva a más cercanía con Él. Por lo contrario, compite con Él.

Al orar por avivamiento, regreso a versículos tales como 2 Crónicas 7:14. Son el fundamento de tales clamores: *"Si se humillare mi pueblo, sobre el cual mi nombre es invocado, y oraren, y buscaren mi rostro, y se convirtieren de sus malos caminos; entonces yo oiré desde los cielos, y perdonaré sus pecados, y sanaré su tierra""* (2 Crónicas 7:14 RVR60). Este versículo nos provee algunas de las instrucciones más claras en toda la Biblia acerca de la oración y el impacto potencial de ser socios con Dios para transformación. 1. Humillarse. 2. Orar. 3. Buscar Su rostro. 4. Apartarse de sus malos caminos. Esta clase de oración tiene a toda la tierra en mente.

Toma nota primero de que las personas dentro del pueblo de Dios son quienes tienen la responsabilidad de orar. No los pecadores. Frecuentemente pensamos que si tan solo los pecadores se arrepintiesen, las cosas cambiarían. Nuestro Padre deja claro que depende de nosotros. Tal oración tiene que venir de la humildad y estar enfocado en una cosa: el rostro de Dios. Buscar el semblante del Padre perfecto habla de la naturaleza de nuestra tarea de orar de maneras profundas. Si Él es revelado en los rostros de quienes lo buscan, Él y solo Él, la salvación viene a las naciones. (Ver Salmo 67.) Segundo, tiene que haber un abandono de cualquier pecado conocido por medio de la confesión y el arrepentimiento. Tercero, Dios nos perdona, pero también sana nuestra tierra. Hay una sanidad natural de la tierra que toma lugar en este versículo, como se ha visto en diferentes partes del mundo. Almolonga, Guatemala, es un ejemplo brillante.[12] La creación añora que vivamos justamente, como se ve en el Salmo 67:6. Pero la sanidad de la tierra también puede incluir la restauración de una nación a su diseño y plan original. Muchas de las obras de Dios tocan tanto lo natural como lo espiritual. El hombre en la puerta llamada Hermosa fue sanado físicamente y caminó. Pero él también alabó a Dios, identificando una sanidad espiritual además. Necesitamos esto en nuestras tierras—restauración nacional y espiritual a nuestro propósito y diseño original.

EL SACRIFICIO SOBRE EL ALTAR

Evan Roberts es un nombre conocido para toda persona que haya leído acerca del Avivamiento en Gales a principios de los años 1900s. Él es uno de mis personajes históricos favoritos, especialmente en lo que respecta al avivamiento. Él era tan sencillo y en muchos aspectos, no estaba calificado para ser un líder del gran mover de Dios en una nación conocida por el avivamiento. Él era demasiado joven y demasiado inexperto. Pero posiblemente eso era lo que lo calificaba. Él sabía que no sabía y que tendría que depender de Dios para las ideas e instrucciones más sencillas.[13]

---

12. Los videos *Transformaciones* de George Otis Jr. Dan una maravillosa perspectiva en este milagro del avivamiento.

13. Hablo más acerca de su vida en mi libro con Jennifer A. Miskov, PhD, *Defining Moments: God-Encounters with Ordinary People Who Changed the World.* (New Kensington, PA: Whitaker House, 2016).

Dependencia en Dios es algo que con demasiada frecuencia tomamos por hecho a medida que nos volvemos más experimentados en las cosas de Dios. Se vuelve demasiado fácil suponer que sabemos qué hacer en un momento dado, cuando de hecho, Dios está queriendo hacer algo nuevo. Hacer algo nuevo con santos experimentados es una rara ocurrencia en la historia de la Iglesia. En nuestros esfuerzos de ser buenos líderes tenemos la tendencia de "patinar hacia donde va el disco (de hockey)". Dicha cita en cuanto al liderazgo, hecha por el conocido jugador de hockey, Wayne Gretzky, se refiere a una de sus claves para la grandeza. Las cosas son diferentes en el avivamiento, ya que una de nuestras fuerzas pronto se convierte en nuestra mayor debilidad. Dios está buscando a grandes seguidores, para hacer de ellos una nueva clase de líder. Cuando uno *patina hacia donde va el disco*, uno tiene que suponer que sabe a dónde Dios va. El hecho mismo de que muchas veces Dios está queriendo hacer algo nuevo nos alerta en cuanto a este hecho—a menudo no sabemos lo qué Él está a punto de hacer.

Pero lo que me llama la atención son las oraciones de Evan Roberts que precedieron al avivamiento. Él en una ocasión escuchó a Seth Joshua, un gran líder en la Iglesia de Gales, clamar esta oración, "¡Doblégame!". Evan adoptó esta oración como la suya, y llegó a ser el clamor que dio entrada a una era que cambió a la nación.

Esa tiene que ser una de las oraciones más sencillas que jamás se haya orado. Pero conmovió a Dios profundamente porque llegó como una expresión de entrega a Dios y Sus propósitos en la tierra. En esta oración, Evan se puso a sí mismo en el altar.

Nuevamente, un patrón nos es dado para oraciones de avivamiento. Aunque no creo en fórmulas para algo de esta magnitud, sí creo que ciertos valores y principios del Reino no cambian. Evan creía que él recibía dirección el Señor en cuanto a cómo cultivar una atmósfera donde se le daba la bienvenida al Espíritu Santo.

1. Tenemos que confesar delante de Dios todo pecado en nuestra vida pasada que no se ha confesado.

2. Tenemos que quitar cualquier cosa que sea dudosa en nuestras vidas.

3. Entrega total. Tenemos que decir y hacer todo lo que el Espíritu Santo nos diga.

4. Hacer una confesión pública de Cristo.[14]

SIGUE LA NUBE

En el Reino de Dios, los grandes líderes se miden por su habilidad de seguir.

La experiencia de Israel en el desierto nos ofrece muchas lecciones que nos pueden asistir en esta búsqueda de avivamiento. La más obvia es su necesidad de seguir la nube.

La nube era una manifestación e la presencia de Dios sobre ellos como un pueblo. Esta nube se convertía en fuego de noche, pero era una cobertura protectora de día. La parte desafiante para ellos era el hecho de que había ocasiones donde la hube se comenzaba a mover y tenían que empacar sus cosas y rápidamente seguir a la nube. Toda su vida estaba conectada a la nube, la presencia. Provisión, seguridad, dirección, propósito y tanto más estaban conectados a Dios mismo, la nube. No seguirle significaba que todo lo que los mantenía con vida ya no estaría. Todos los beneficios misericordiosos de la presencia de Dios simplemente

---

14. Phillips, *Evan Roberts,* 215. De una carta fechada Noviembre 5, 1904. Ver también *a Shaw, Great Revival in Wales,* 67-68.

abandonaban el campamento, y mantener esa bendición sobre sus vidas significaba que tenían que seguir con Dios.

Los avivamientos proveen el mismo desafío. No es que los que nunca entran a esta cosa nueva que Dios está haciendo no estén realmente salvos. No creo eso en lo absoluto. Pero lo que sí significa es que esa persona nunca experimentará lo que Dios ha hecho accesible para ellos mientras están en la tierra, ya que el avivamiento es siempre una probada del cielo de maneras que no se pueden ni imaginar. Los avivamientos nos desafían en nuestra misma esencia.

SEGUIR MÁS ALLÁ DEL MAPA[15]

La historia nos provee una lección de un gran líder militar. Alejandro Magno llevó a sus ejércitos en victoria tras victoria, y su deseo por obtener conquistas aun mayores finalmente lo llevó al pie del Himalaya. Él quería ir más allá de estas montañas intimidantes. Sin embargo, nadie sabía qué estaba del otro lado. Los oficiales de más alto rango estaban consternados por la nueva visión de Alejandro. ¿Por qué? Habían llegado hasta la orilla de su mapa—no había mapa para el nuevo territorio que Alejandro quería poseer. Estos oficiales tenían una decisión que tomar: ¿Estaban dispuestos a seguir a su líder más allá del mapa, o estarían contentos viviendo dentro de sus confines? Escogieron seguir a Alejandro.

---

15. Tomado de Bill Johnson, *Cuando el Cielo Invade la Tierra*. (Shippensburg, PA: Destiny Image Publishers, 2005), Capítulo 6.

Seguir la dirección del Espíritu Santo nos puede presentar este mismo dilema. Aunque Él nunca contradice Su Palabra, Él está muy cómodo contradiciendo nuestro entendimiento de ella. Los que se sienten seguros debido a su entendimiento intelectual de las Escrituras perciben un falso sentido de seguridad. Ninguno de nosotros tenemos una comprensión completa de las Escrituras, pero todos tenemos al Espíritu Santo. Él es el denominador común que siempre nos llevará a la verdad. Pero para seguirlo, tenemos que estar dispuestos a seguir más allá de donde se acaba el mapa—más allá de lo que conocemos. Para hacerlo exitosamente tenemos que reconocer Su presencia sobre todo.

Hay una gran diferencia entre la manera en que Jesús hacía el ministerio y la manera en que típicamente se hace hoy. Él dependía completamente de lo que el Padre estaba haciendo y diciendo. Él ilustró este estilo de vida después de Su bautismo en el Espíritu Santo. Siguió la dirección del Espíritu Santo, aun cuando no parecía ser razonable, que era a menudo el caso.

La iglesia con demasiada frecuencia ha vivido de acuerdo con un enfoque intelectual a las Escrituras, sin influencia alguna del Espíritu Santo. Tenemos programas e instituciones que de ninguna manera requieren del Espíritu Santo a fin de sobrevivir. De hecho, mucho de lo que llamamos ministerio no tiene salvaguardia para asegurar que Él siquiera esté presente. Cuando nuestro enfoque no es la presencia de Dios, terminamos haciendo lo mejor que podemos para Dios. Puede que nuestras intenciones sean nobles, pero no tienen nada de poder en cuanto a su efecto. Orar por, y vivir en avivamiento, depende completamente de la presencia manifiesta de Jesús a través del Espíritu Santo.

NACIMOS PARA TENER SIGNIFICANCIA

Cuando nacimos para algo más, no tenemos excusa alguna por satisfacernos con cualquier cosa que sea menos. Posiblemente nuestra satisfacción con menos es en parte debido a nuestra ceguera al leer Su Palabra. Obra en contra de los propósitos de Dios leer de los grandes derramamientos del Espíritu Santo a través de la historia y pensar que solo eran para aquel día. Son por su misma naturaleza revelaciones de Su naturaleza, Reino y promesas para que nos sintamos insatisfechos con donde estamos. Tal insatisfacción no es para hagamos estrategias y planes para el siguiente gran mover. Es para crear en nosotros gran hambre para que podamos traer a nuestro día todo lo que Él ha hecho posible por medio de Cristo.

Capítulo Seis

LA CLAVE DEL AVIVAMIENTO

El avivamiento es la convicción renovada de pecado y arrepentimiento, seguida por un intenso deseo de vivir en obediencia a Dios. Es rendir la voluntad de uno a Dios en profunda humildad.
CHARLES FINNEY

HAY ocasiones cuando hacemos cosas por pura obediencia, sin ninguna emoción. No es ni malo ni bueno. De hecho, es una parte importante y necesaria del discipulado. A veces la simple obediencia es la evidencia purista de ser verdaderos seguidores de Jesús. Todo creyente tiene que aprender a hacer lo que es correcto, porque es lo correcto. Punto. Pero tener un matrimonio que está totalmente enfocado en la simple obediencia; hacer la cosa correcta, hacer los movimientos sin ningún afecto o interacción, eventualmente se vuelve viejo e indeseable. No es un estilo de vida parecido a Cristo. Jesús tuvo más gozo que todos sus discípulos combinados. (Ver Hebreos 1:9.) En la definición de Pablo del Reino de Dios—justicia, paz y gozo—dos terceras partes (paz y gozo) del Reino son realidades que se sienten. (Ver Romanos 14:17). Mientras que tendremos situaciones debemos dar nuestro todo, aun cuando no hay sentimiento alguno para respaldarlo, nunca hemos de conformarnos con eso como un estilo de vida. Pasión y afecto son expresiones notables que son consistentes con seguir a Jesús.

Ya he dicho que estoy de acuerdo de que el catalizador más necesario para el avivamiento es la oración. Pero ahora quisiera agregar un P.D. a esa declaración: Lo que aumenta la oración a un nivel sobrenatural es el hambre. La sociedad está más dispuesta a perdonar a un ladrón si roba para alimentar a su familia. Y aunque debe restaurar lo que robó, hay una gracia por parte de la sociedad a favor de ese hombre debido a lo que lo impulsó: Tenía hambre. También sabemos que personas injustas se vuelven justas a causa de su hambre por la justicia. En el Sermón del Monte, Jesús habla de tal hambre con honor, diciendo: "*Ellos serán saciados*". (Ver Mateo 5:6). La palabra "saciado" frecuentemente se usa para describir engordar a un animal. En otras palabras, somos saciados con abundancia. Solo el hambre obtiene acceso a esa clase de abundancia.

La oración por el avivamiento, entonces, generalmente está llena de oraciones de pasión, abandono, y entrega absoluta. Estas expresiones son irremplazables en el contexto de perseguir el avivamiento. Pero si no tienes esa clase de inquietud dentro de ti, oras por simple obediencia hasta que la tengas. Simplemente sé honesto, e invita a Dios a darte Su corazón en cuanto a ello. Esa disposición de obedecer atrae la mano de Dios de maneras poderosas. También es bueno hacer notar para aquellos a quienes les falta pasión que no puedes interactuar con Él por mucho tiempo y no terminar con Su corazón. Él arde por nosotros con pasión desmesurada. Aun Sus ojos, que están fijos en nosotros, arden con fuego.

Una clave del avivamiento, entonces, no es la oración del deber, donde recitamos oraciones porque es la cosa correcta que hacer. Son los clamores de hambre del corazón que no quedará satisfecho con algo menos que un encuentro, cada vez más profundo, con el Dios Todopoderoso. Eso, en esencia, es avivamiento.

DISEÑADO PARA EL HAMBRE

Llegar a tener hambre en realidad no es tan difícil. Es nuestra naturaleza en Cristo. Es igualmente cierto que está en nuestra nueva naturaleza creer a Dios, tener fe. Frecuentemente vivimos muy conscientes de la antigua naturaleza; tanto que no damos lugar a la realidad de quiénes somos en Cristo, y Él en nosotros. *"De modo que si alguno está en Cristo, nueva criatura[a] es; las cosas viejas pasaron, ahora han sido hechas nuevas"* (2 Corintios 5:17). De hecho, no es vana imaginación vernos a nosotros mismos como una nueva creación. Es, de hecho, la nueva lógica. Pablo lo dijo así: *"Sabiendo que Cristo, habiendo resucitado de entre los muertos, no volverá a morir ... así también ustedes, considérense muertos para el pecado, pero vivos para Dios en Cristo Jesús" (Romanos 6:9-11).* La resurrección de Jesús, quien nunca volverá a morir, es la base para la realidad de que yo me he muerto al pecado. He de pensar de mí mismo de esta manera debido a Su resurrección. Son realidades iguales.

Pero si ingiero más de los medios de comunicación populares que de la Palabra de Dios y el testimonio del Señor, entonces mi desánimo y falta de enfoque son mi propia culpa. He ordenado una perspectiva mundana debido a mi ritual de alimentación autoimpuesta. Eres lo que comes. Y cuando nos alimentamos de las realidades inferiores de este mundo, no nos podemos sorprender de que no hemos alcanzado el estilo de vida del Reino al cual se nos ha invitado.

CREAR HAMBRE PERSONAL

Si te falta hambre por avivamiento, reconócelo delante de Dios. La vergüenza no ayudará, así que evítala a todo costo. Pensar pensamientos felices tampoco es la cura. La sangre de Jesús es la única respuesta. Y la confesión nos conecta con el lavamiento provisto por Su perdón. (Ver Juan 1:9). La confesión es poderosa y altamente valorada por Dios. Es valiosa porque básicamente significa que estamos de acuerdo con Él. Él nos señala un pecado, y mostramos que estamos de acuerdo al confesar lo que Él nos señaló. Regresar a la Palabra de Dios es lo que sigue. Probablemente la mayoría de ustedes no tienen que regresar, porque nunca la han dejado. Sin embargo, muchos leen por ritual, y no para tener un encuentro. La Palabra de Dios impresa es para llevarnos a la Palabra de Dios en Espíritu. Él es una persona viviente. Eso no significa que debemos descontar la Palabra impresa, ya que es el corazón viviente de Dios emitido para traer transformación al individuo. Simplemente lee para obtener.

Específicamente lee acerca de la transformación de Nínive, uno de los más grandes milagros de la Biblia, que se encuentra en el libro de Jonás. Una ciudad entera, de hecho todo un imperio, se arrepintió. El profeta ni siquiera le dijo a Nínive que se arrepintiera. Simplemente descubrieron que la mano de Dios estaba en contra de ellos, y lo buscaron para obtener misericordia. El corazón de Dios quedó tan tierno hacia ellos que los perdonó y sanó su tierra. Ellos no eran judíos. Eran paganos. Y sin embargo, Dios les dio algo que llegaría a ser común en el Nuevo Testamento. Medita sobre ello, y luego considera las ciudades tan llenas de pecado en el mundo y las que crees que Dios quiere visitar de esa manera.

Lee acerca de la transformación que tomó lugar en Éfeso, del que se habla en Hechos 19. Aquí es donde Pablo hizo milagros extraordinarios. Esto es asombroso, porque aparentemente los milagros ya habían llegado a ser algo normal, y era tiempo para el nivel mayor de avance victorioso del cual Jesús había hablado cuando dijo, "En verdad les digo: el que cree en Mí, las obras que Yo hago, él las hará también; y aun mayores que estas hará, porque Yo voy al Padre" (Juan 14:12)." La realidad de las obras mayores comenzaron a tomar lugar en Éfeso. Las personas tocaban el manto de Pablo y se sanaban. En Hechos 12, las personas llevaban artículos de la vestimenta del cuerpo de Pablo y los colocaban sobre personas con enfermedades o demonios, y quedaban sanos/liberados. Aquí no venían a Pablo. Su vestimenta iba a ellos. ¡*Obras mayores!* ¿Deben estar ocurriendo esta clase de milagros y transformaciones de las ciudades hoy? Visualízalo. ¡Ora por ello!

En actitud de oración, estudia la advertencia de Jesús a las ciudades más familiarizadas con Su ministerio:

> *"Ay de ti, Corazín! ¡Ay de ti, Betsaida! Porque* **si los milagros**[a] *que se hicieron en ustedes se hubieran hecho en Tiro y en Sidón, hace tiempo* **que se hubieran arrepentido** *en cilicio y ceniza. Por eso les digo que en el día del juicio será más tolerable el castigo para Tiro y Sidón que para ustedes. Y tú, Capernaúm, ¿acaso serás elevada hasta los cielos? ¡Hasta el Hades descenderás! Porque* **si los milagros** *que se hicieron en ti se hubieran hecho en Sodoma,* **esta hubiera permanecido hasta hoy"** (Mateo 11:21-23).

Históricamente, las ciudades tan pecaminosas mencionadas en este pasaje han llegado a ser la ilustración máxima del libertinaje y la perversidad. En esta Escritura, simplemente mencionar sus nombres evocaba un contexto de perversidad que ningún otro lugar igualaba en la historia. Y sin embargo, Jesús hizo una declaración asombrosa aquí, una que debe consternar a todo creyente, que si estas que eran lo peor de lo peor se hubieran arrepentido, como resultado todavía estarían entre nosotros como las grandes ciudades del mundo.

Soñar con lo que Dios sueña nos conecta a nuestro propósito y destino. El hambre no es un problema en ese contexto. Es natural. Y sin embargo, todavía hay muchos que han quedado sepultados en malas enseñanzas que incluso sobrepasan las palabras y prácticas devastadoras de los fariseos. Los líderes religiosos del día de Jesús eran culpables de hablar verdad pero no vivirla. Los fariseos de hoy contradicen la verdad al cancelar lo que Jesús enseñaba y practicaba. "Los milagros no son para hoy, y si los persigues, ¡estás obrando en contra de Cristo!" Para creer tal insensatez, tienes que eliminar las comisiones que Jesús les dio a Sus discípulos y cancelar Sus promesas y el propósito que Él pronunció de que fuéramos llenos del Espíritu Santo, que es un mandato bíblico. Y aunque a menudo señalan a un grupo de personas que estaban erradas para justificar sus creencias, tienes que dejar el Evangelio tal como Jesús lo enseñó y practicó para obtener ese resultado. A veces, toma algo de tiempo para que alguien criado en el ambiente se vuelva hambriento de acuerdo con el diseño de Dios. Aunque la mala enseñanza ha eliminado a muchos del frente de la batalla, la desilusión es probablemente el mayor enemigo del avivamiento. Aun mayor que la mala enseñanza. Trato este tema mucho más a fondo en mi libro *Fortalecidos en el Señor.* Pero es suficiente decir, entrega tu desilusión a Dios, y vuelve a renovarte en esperanza. No dejes de perseguirlo hasta que tu corazón rebose con esperanza. Enfréntate con el hecho de que estar lleno de esperanza no es la responsabilidad de nadie más. Mi esperanza es mi propia responsabilidad.

Una de las cosas más importantes que puedes hacer para llegar a tener hambre es leer acerca de avivamientos pasados. Permíteme expresarlo de otra manera: El hambre se crea cuando nos exponemos a los testimonios milagrosos de las invasiones sobrenaturales de Dios a lo largo de la historia. El testimonio profetiza esperanza y hambre al corazón humano. Recuerdo a un amigo pastor quien, cuando terminó de leer el libro de Rick Joyner acerca del Avivamiento de Gales, titulado *World Aflame (El Mundo en Llamas)*, no pudo permanecer en su oficina o casa. Se fue al bosque a orar. Algo estaba explotando dentro de él que no podía contener dentro de un lugar normal. Se tenía que expresar.

Hay muchos libros excelentes acerca del avivamiento; los que cuentan historias acerca de las obras milagrosas de Dios en la transformación de personas y ciudades. Los testimonios profetizan. Es casi imposible leer estas historias y no quedar hambriento. De hecho, ni siquiera pensamos acerca de nuestra necesidad de tener más hambre por Dios, porque desde lo más dentro de nuestro ser sale un clamor, casi volcánico en su naturaleza, por más de Dios cueste lo que cueste. La oración que sale no es ensayada. Ni está escrita. Tampoco es una oración ritual que hacemos para que podamos poner una "palomita" en nuestra lista. Esta es la oración que manifiesta hambre y pasión, que solo un Padre de promesas podría inspirar.

He sido testigo de personas que no han tenido nada de hambre por el derramamiento del Espíritu Santo que fueron testigos de un milagro en su propia vida, o aun en la vida de un amigo cercano, y se encendieron en un instante. Un pastor vino conmigo después de experimentar un milagro creativo en su cuerpo que era innegable. De hecho los dos lo vimos ocurrir dentro de unos 30 segundos. En respuesta, me dijo, *"No creo lo que acabo de ver"*. Lo dijo en serio. Caminó anonadado por una media hora. Después de que la significancia del milagro impactara su corazón y mente, regresó conmigo y dijo, *"He descubierto por qué estoy vivo"*. Esa noche nació una pasión que ardía. No la reacción emocional que solo dura un rato. Pero la clase que está anclada en nuestro propósito de existir.

HOMBRES SABIOS TODAVÍA VIAJAN

He escuchado a personas decir, más de lo que quisiera recordar, "Dios sabe que queremos avivamiento. Si es Su voluntad, Él causará que suceda. Él sabe dónde vivimos". Estoy seguro de que las intenciones son buenas. Pero esa clase de oración viola tanto de Su corazón y naturaleza que hasta da miedo. Tenemos la responsabilidad de perseguirle. Él no es el botones cósmico que está buscando una manera de cómo agradarnos. Él es el Padre amoroso, indudablemente, pero sigue siendo el Señor soberano sobre todo, quien añora la asociación con aquellos que han recibido a Su Hijo Jesús. La Escritura lo llama *co-laborar*.

Él nos ha dado Sus promesas y un acuerdo contractual, en su pacto, de encontrarse con nosotros cuando lo busquemos. Aunque Él sabe lo que necesitamos antes de pedírselo, Él requiere que le pidamos, incluso por nuestro pan diario. No es que Él no lo sepa o no recuerde. Es que Él anhela que nosotros lo busquemos, consciente de Su pacto y Sus promesas. Alinearnos con Su Palabra es esencial para aprender a aprehender todo lo que Él ha puesto a disposición en esta vida. La mayor parte de lo que necesitamos en esta vida nos será llevado. Pero la mayor parte de lo que queremos tendremos que ir a buscar. La búsqueda es necesaria para nuestro propio bien. Es en la búsqueda que demostramos gran fe en Su Palabra y pacto. Además, la búsqueda nos convierte en la clase de discípulo que administrará mejor la respuesta una vez que venga.

Me doy cuenta de que no todo el mundo puede darse el lujo de dar la vuelta al mundo. Pero posiblemente te sorprenda las cosas que Él financiará si el hambre está presente. Persigue a Él y Su obra con todo lo que tienes, y Él proveerá por todo lo que Él inspira, que se ha arraigado profundamente en nuestros corazones.

Habiendo dicho esto, tenemos que estar dispuestos a ir dondequiera que Dios se esté moviendo. He viajado muchísimo para perseguir todo lo que Dios está haciendo. Comenzó con conferencias en las cuales mis héroes de fe estaban ministrando. Jack Hayford y John Wimber, por ejemplo. Mi hambre también me llevó a Toronto, Pensacola, Pasadena, St. Louis, Spokane, Gales, Argentina, y muchos otros lugares para ver lo que Dios estaba haciendo. Pero no meramente como observador. Anhelo estar en medio de lo que Él está haciendo. Simplemente quiero ser un participante rendido.

HONRANDO A GENERALES

Hace muchos años, Dios impresionó en mi corazón que necesitábamos honrar a quienes se han ido antes que nosotros, aun aquellos cuyas vidas terminaron en fracaso. Si hacíamos como Él mandaba, nos daría a nosotros los dones y las unciones de quienes se han ido antes que nosotros. En el Reino de Dios, mucho de lo que recibimos nos es dado en la misma medida que el honor que damos. Jesús habló de este principio cuando dijo, *"No hay profeta sin honra, sino en su propia tierra y en su casa"* (Mateo 13:57). Así que, he hecho que sea mi misión por muchos años honrar a los generales del pasado, aun hasta el punto de tener cuidado en cuanto a cómo hablo de ellos y de sus fracasos. No estoy diciendo que debemos ignorar o esconder sus pecados. Dios no hace eso en la Biblia. Pero tampoco debemos sentir gusto en hablar de estos, como si nosotros fuéramos superiores de manera alguna. Esa es una señal segura de que tenemos ceguera en cuanto a nuestras propias debilidades. Sin arrepentimiento, eso solo puede llevar a una cosa—el fracaso personal.

He ido a las tumbas de grandes hombres de avivamiento tales como Smith Wigglesworth, Charles Finney, John G. Lake y Evan Roberts, solo para orar. Y a pesar de los rumores, no hablo con los muertos ni les pido nada. Solo voy a la tumba para honrar a Dios por las grandes cosas que Él hizo a través de la entrega total de ellos, por imperfectos que hayan sido. Para mí, estos lugares son como las piedras memoriales del Antiguo Testamento, las cuales eran recordatorios físicos para el pueblo judío de su historia milagrosa con Dios. De la misma manera, estas piedras memoriales están para recordarnos de lo que es posible a través de una vida rendida. Cuando me paro cerca de sus tumbas, le recuerdo a Dios lo que lograron hacer en Su nombre, recitando sus palabras o acciones a Él. Es mi esfuerzo para unir mi corazón a la manera en que Dios los tocó y usó de manera poderosa. Luego le pido a Dios que lo haga de nuevo y que me incluya en lo que está haciendo. He experimentado un gran afecto en mi corazón por los héroes del pasado y una gratitud sobrecogedora de que Él nos use de una manera que lo honre a Él y honre a quienes han preparado el camino para que nosotros tengamos las oportunidades que tenemos ahora.

PROVERBIOS Y AVIVAMIENTO

Es mi convicción personal que el avivamiento comienza con poder, pero que se sostiene por medio de la sabiduría. Espero hacer que eso quede claro a lo largo de este libro, ya que la necesidad de la hora es tanto para el poder como para la sabiduría para obtener y sostener todo lo que Dios pretende hacer en nuestra vida.

El Libro de los Proverbios nos da sabiduría y percepción en cuanto a cómo administrar todo lo que Dios nos da, ya sea dinero, amigos, familia, negocios o aun avivamiento. En realidad, todo se trata de la administración. Leo un capítulo cada día de este libro fabuloso, según la fecha. Proverbios nos provee perspectivas brillantes que no tienen paralelo en el resto de la Biblia. Como resultado, tienen un lugar en el estudio completo de los grandes moveres de Dios.

El enfoque principal de Proverbios, y así que es el enfoque de la sabiduría, es capacitarnos para reinar en la vida. Eso no significa reinar sobre las personas, con un acercamiento a la vida de que *somos mejores que otros*. Es que en la sabiduría aprendemos a representar bien al Señor al reinar sobre los asuntos de la vida en los que tantos otros se tropiezan.

Por ejemplo, el dinero no me controla a mí. Yo controlo al dinero para la gloria de Dios.

Admitiré que estos principios se aplican a muchas cosas además de los grandes moveres de Dios. Mi sugerencia es que leas este libro de sabiduría en lo que respecta a cualquier cosa que Dios te haya dado para que supervises o aportes. Mi punto es que también administramos el avivamiento. Aquí está uno de mis versículos favoritos en cuanto a esto:

El hombre saciado aborrece la miel, Pero para el hombre hambriento todo lo amargo le es dulce (Proverbios 27:7).

Esta declaración es tan profunda en su aplicación al tema del avivamiento que me asombra que no haya sido el propósito principal del versículo. Muchas personas que están llenas (saciadas) pueden aborrecer aun las cosas buenas. Las personas satisfechas no son buenos jueces de lo que Dios está haciendo. No tienen una necesidad o apetito por lo que Dios está haciendo. Realmente no. El hambre y el reconocimiento de la necesidad personal son los intérpretes más confiables de los moveres de Dios. La prostituta, el ladrón, el endemoniado lo reconocieron cuando llegó. ¿Por qué? Vivían conscientes de su necesidad.

Pero los líderes religiosos en el día de Jesús no. Asombrosamente, lo que es dulce para todos los demás en la habitación es repugnante para ellos. Esta clase de persona es la que se convierte en el crítico del restaurante, o me atrevo a decirlo, el crítico de avivamiento. Ellos apuntan a incontables expresiones de avivamiento, siempre criticándolos, diciendo, "Eso no es avivamiento". Me acuerdo de uno que me declaraba esas palabras. Este es mi pensamiento, "Yo no sé qué está sucediendo en el círculo de tres pies en el cual estás parado, pero en este, yo estoy ardiendo con el fuego de avivamiento". Toma responsabilidad por tu propia experiencia, tu propio fuego. ¿No es esa la lección de las diez vírgenes en Mateo 25? Cinco se aseguraron de tener aceite para sus lámparas para quemar, y a las cinco insensatas se les acabó el aceite como no tomaron responsabilidad personal. Asegúrate de que el fuego esté ardiendo dentro de ti, ardiendo brillantemente, y de que haya suficiente aceite para todos tus días en la tierra.

Hay más críticos de avivamiento en este día de lo que puedo imaginar en cualquier otro momento de la historia. Estoy seguro de que el uso de los medios sociales es lo que hace que toda persona parezca ser un experto. Lo que he aprendido de la invasión reciente de las redes sociales en muchas de nuestras vidas es que ya no necesitas percepción o inteligencia para tener una opinión. Simplemente tratar de ser políticamente correcto comprueba que la insensatez es contagiosa. Los valores equivocados aparentan ser sabiduría. El temor se disfraza de sabiduría; de otra manera, sería sólidamente rechazada. Es asombroso lo rápido que una mentira puede propagarse, que los valores en contra del reino puedan ser promovidos como el Evangelio, y que vivir bajo el temor del hombre pueda considerarse una virtud. El estado de estar profundamente arraigados en la Palabra de Dios y en constante comunión con el Espíritu de Dios es la espada de dos filos que nos mantiene en seguridad continua. Caminar con personas de mente parecida nos ayuda inmensurablemente en la vida de avivamiento. La Palabra, el Espíritu, y el pueblo de Dios comprenden el cordón de tres hilos que no se rompe fácilmente.

La forma en que vivimos nuestras vidas realmente importa. No debemos ser controlados o influenciados por lo que es popular o por lo que las masas comúnmente creen. Jesús nos llama a Él, para que seamos como Él. No somos culturalmente relevantes cuando reflejamos la cultura en nuestro derredor. Somos culturalmente relevantes cuando modelamos el estilo de vida del Reino de Dios que el mundo anhela obtener. Todos quieren paz, amor y gozo. Cuando caminamos en esas cosas, sin importar las circunstancias, manifestamos la naturaleza de Su mundo que no puede ser sacudido. Te recuerdo; todos quieren un rey como Jesús. Él es el deseo de las naciones. *"'Y haré temblar a todas las naciones; vendrán entonces los tesoros[a] de todas las naciones, y Yo llenaré de gloria esta casa', dice el Señor de los ejércitos'"* (Hageo 2:7 NBLA). Tenemos que ilustrar lo que es prosperar en la vida, a pesar de las condiciones en nuestro derredor. Muchos en este punto piensan que me estoy refiriendo al dinero. Mientras que admito que a veces incluye el dinero, el asunto más importante es la prosperidad del alma. (Ver 3 Juan 2.) ¿Cómo nos va en nuestro mundo interior? Esa es la cuestión verdadera. De hecho, nuestro semblante es el único Evangelio que muchos llegarán a leer.

El salmista lo dijo de esta manera, *"Dios tenga misericordia de nosotros, y nos bendiga; Haga resplandecer su rostro sobre nosotros; Selah. Para que sea conocido en la tierra tu camino, En todas las naciones tu salvación"* (Salmo. 67:1-2). Es asombroso cómo el darnos cuenta del rostro de deleite de Dios sobre nosotros afecta nuestro propio semblante. Y eso llega a ser nuestro testimonio. Toma nota de que la conclusión de este salmo es la salvación de las naciones.

Hay diferentes realidades, cada una compitiendo por nuestra atención, y ultimadamente, nuestro afecto. Está el poder de las tinieblas, lleno de temor, ira, amargura, arrogancia, etc. Y está el Reino de Dios, lleno de amor, gozo y paz. Nuestro semblante siempre reflejará la naturaleza del mundo del cual estamos más conscientes.

MIGRACIÓN MULTIGENERACIONAL

Hace algunos meses, Beni y yo estábamos viendo la televisión juntos cuando algo captó mi atención. La verdad es que yo estaba solo mirando a medias mientras también jugaba con mi iPad, que es un hábito común que tengo. En medio de mi experiencia con el iPad, escuché esta frase venir del programa: migración *multigeneracional*. Esa frase cautivó mi corazón en un sentido muy real. Puse de lado a mi iPad y empecé a ver, percibiendo que estaban hablando de algo profundo y acogedor. Se trataba de un documental acerca de las mariposas Monarca, que no es la clase de cosa que solemos ver juntos. Al comenzar a escuchar, nuevamente quedé cautivado por la frase, migración *multigeneracional*.

Después de terminar ese programa, fui a YouTube e investigué más acerca de este tema. Fácilmente pude encontrar otros videos acerca de lo mismo. Captó mi atención por tantas razones, una de ellas, no la menos importante, es que intencionalmente vivimos con una consciencia de nuestro impacto multigeneracional y la responsabilidad de dejar una herencia. De hecho, mi hijo Eric y yo somos coautores de un libro sobre este tema, titulado, *Momentum: Lo que Dios comienza permanece*. Es un tema que ha sido muy importante para nosotros y ha marcado nuestras decisiones por muchos años. Pero este programa me introdujo a algo de lo cual no me había dado cuenta. Parecía que había algo en esta idea que posiblemente nos podía ayudar a llegar al siguiente nivel en un mover de Dios.

Lo que los productores de este programa querían que aprendiéramos es que las mariposas Monarca hacen su migración de México a Canadá. Nos mostraron los bosques en México donde alrededor de 200 millones de estas mariposas existen a la vez. Una vez que inician sus viajes, necesitan cuatro generaciones de ellas para que alcancen su destino. Imagina esto: La mariposa deja a los otros millones de mariposas que viven en un bosque en particular en México y comienza la travesía a Canadá. Cuando han viajado su distancia prescrita, ponen huevos, que se convierten en orugas, y cada una forma un capullo, del cual sale una mariposa. Esas vuelan lo más lejos que pueden, luego ponen huevos para que la siguiente generación de mariposas continúe el viaje. Instintivamente, saben lo que les toca hacer. Esto es similar al salmón, que viajan de vuelta al mismo río en que nacieron. Pero la mariposa Monarca tiene una asignatura incorporada en ellas que en algunas maneras es más impresionante que el salmón. Para la mariposa Monarca, se requieren cuatro generaciones para completar aquello para lo cual nacieron. Posiblemente por eso cada creyente instintivamente anhela más. Y una vez que el concepto de avivamiento se revela como una posibilidad, poco más importa. Vivir dándose cuenta de que no será una generación la que completa nuestra asignación puede ayudarnos a medida que preparamos a la siguiente generación para *su razón de ser.*

Después de cuatro generaciones alcanzan su destino. Y luego inician de nuevo el mismo viaje de regreso a México, que toma otras cuatro generaciones. ¿Es posible que quedemos cortos en el avivamiento porque no reconocemos ni valoramos todo lo que Dios quiere hacer? Lo que Él ha planeado no se puede lograr en una generación. Por lo contrario, ha de ser un esfuerzo cooperativo entre múltiples generaciones. Él es el Dios de Abraham, Isaac y Jacob, todos a la vez. Él reina sobre las intenciones y los propósitos de múltiples generaciones. Una de nuestras responsabilidades principales es preparar a la siguiente generación, por medio de la instrucción, el ejemplo y la oportunidad, con la responsabilidad de vivir en el espíritu de avivamiento todos sus días, y de no esperar nada menos.

Fue la ausencia de hambre que una vez tuvo lo que acabó con uno de los más grandes reformadores de toda la historia, el Rey Ezequías, y le quitó toda su influencia multi-generacional. Sucedió cuando Isaías lo reprendió por su pecado. Le dijo entonces que sus hijos se convertirían en eunucos en el imperio Babilónico. El Rey Ezequías respondió que la palabra era buena porque "Al menos mientras yo viva, habrá paz ..." (Ver Isaías 39:5-8.) Así esta migración multi-generacional terminó. Él perdió de vista su responsabilidad de ser una influencia de largo plazo y se conformó con disfrutar del favor mientras él vivía, aunque la siguiente generación iba a sufrir a causa de sus elecciones. El reino de Ezequías, uno de los más grandes en la historia, fue seguido por el de su hijo, Manasés, quien fue uno de los reyes más perversos en la historia. Cuando no usamos correctamente algo que Dios nos ha dado, o no le damos su debido lugar, algo inferior crece en su lugar.

MANTENER LO PRINCIPAL LO PRINCIPAL

Habíamos experimentado un poderoso derramamiento del Espíritu Santo en 1987 que comenzó inmediatamente después de que varios de nosotros asistimos a una Conferencia de Señales y Maravillas en la Iglesia Vineyard de Anaheim con John Wimber. Varios otros oradores notables estaban allí. Fui tocado profundamente. Y aunque nadie oró por nosotros ni profetizó sobre nosotros, volvimos a casa cambiados y animados. Los milagros comenzaron a la siguiente semana. Para poner esto en perspectiva, yo no había visto sanidades o milagros cuando oraba aunque lo había enseñado y practicado por años. Simplemente no sucedía. Hasta ahora. No oré de manera diferente. No enseñé algo diferente. Mas Jesús vino de maneras que yo solo había anhelado. Y mientras que experimentamos un derramamiento que continuamente iba en aumento por una temporada, yo no sabía cómo sostenerlo. Mucho como los sacerdotes en el Antiguo Testamento, me enfrentaba con la realidad de que el fuego se acaba cuando ya no hay más combustible.

Dios fue tan bueno con nosotros, ya que el Espíritu Santo vino en poder en momentos diferentes a lo largo de los siguientes ocho años. Fueron como olas. Se sentía como que algo faltaba, ya que este derramamiento nunca llegó a ser un modo de vida. Al mirar atrás, puedo ver que yo pensaba que ésta era la voluntad de Dios para nosotros. Me suponía que era Su deseo que lo experimentáramos de esa manera, ocasionalmente. Era Su soberanía. O así yo pensaba.

En 1995 decidí ir a Toronto, donde había escuchado que Dios se estaba moviendo poderosamente. Y aunque mucho de lo que ocurría allí era mal juzgado por muchos, valía el riesgo. Durante mi vuelo a esa gran ciudad, me encontré orando, "Dios, si me tocas de nuevo, nunca cambiaré de tema". Al orar, descubrí que tenía una convicción que no había puesto en palabras antes, ni lo había pensado conscientemente a fondo. Se me había hecho aparente que en 1987 yo había añadido lo que Dios estaba haciendo a lo que ya estábamos haciendo. Mi oración de que Él me tocara de nuevo incluía mi compromiso de nunca cambiar el tema de lo que el Padre estaba haciendo.

Cuando entré al auditorio de Toronto Airport Christian Fellowship, quedé sobrecogido por las manifestaciones de 5,000 personas. No era que nunca había visto nada así antes. Es que solo lo había experimentado en números pequeños. Cinco mil personas, todas apasionadas por Jesús, era sobrecogedor. Así que cerré mis ojos y enfoqué mis afectos en el Señor. En ese momento me di cuenta de que lo que llenaba ese auditorio era la misma unción y presencia que habíamos experimentado en algunas de nuestras reuniones de oración nocturnas en casa. Reconocer Su presencia hizo mucho más fácil que me relajara y disfrutara de este momento inusual pero *impregnado* del Espíritu Santo.

Cuando estamos en una situación que es nueva para nosotros y estamos tratando de discernir si es de Dios o no, nuestra mayor herramienta es nuestra habilidad de reconocer a Él. Demasiados concluyen que si se sienten incómodos con algo, lo que están observando no es de Dios. Eso no es totalmente cierto. Él es el consolador. Pero frecuentemente donde nos guía es desafiante, y nos estira mucho más allá de nuestras zonas de confort. En realidad, Él me guía a donde yo necesito Su confort. Hay una gran diferencia entre la advertencia que el Espíritu Santo nos da cuando algo es falso y la incomodidad que sentimos cuando está fuera de nuestro entendimiento o historia personal. Aprender la diferencia es de suma importancia, especialmente en temporadas de derramamiento poderoso. Tenemos que aprender el privilegio de reconocerlo en nuestros tiempos privados con el Señor. Lo que aprendemos allí siempre ayudará en las reuniones corporativas.

Combinado con nuestra habilidad de reconocer la presencia del Espíritu Santo, nuestra mayor salvaguarda contra el engaño es nuestra inmersión en la Palabra de Dios. Y aunque sé que el conocimiento bíblico suele ser lo único que se enfatiza en este punto de la discusión, muchos que usan ese punto son los que han quedado más engañados en cuanto a lo que corresponde a los moveres de Dios. Nuevamente, permite que la Palabra de Dios te guíe a la persona de Jesucristo. Él ha de ser conocido y encontrado y debemos confiar en Él completamente.

El Espíritu Santo nos trae paz cuando nos falta entendimiento. Es la Biblia la que eleva este elemento por encima del entendimiento, ya que el corazón nos llevará más lejos en Dios que la mente jamás hará. Por esta razón, Pablo enseña que Dios nos da paz que sobrepasa el entendimiento. (Ver Filipenses 4:8). Y esa paz toma una postura militar de protección de todo lo que me corresponde. Paz nos protege donde el entendimiento no puede. Para experimentar la paz que sobrepasa el entendimiento, rindo mi derecho de entender. Nuevamente, no es que la mente no sea importante. En verdad es muy importante. Pero cuando mi mente es la que controla mi vida cristiana, tengo una vida cristiana inferior. La entrega a los propósitos y métodos de Dios es la clave a toda actividad en el Reino. Especialmente, el avivamiento.

¿BLOQUEOS?¿O INVITACIONES?

Uno de los sermones que he escuchado con más frecuencia a través de los años es lo que tenemos que hacer si queremos avivamiento. Por supuesto, estos sermones rara vez vienen por parte de alguien que ha experimentado uno. Por lo general vienen de personas que han leído los libros sobre el tema y tienen gran hambre. Los aplaudo. Juntos entraremos en las cosas mayores de Dios para esta próxima temporada.

Esta es la sección donde yo podría, sin intención alguna, causar la mayor ofensa. Pero solo si no captas el punto principal de esta siguiente sección. Así que por favor, lee cuidadosamente lo que está escrito.

En la siguiente sección voy a dar una lista de todas las diferentes partes de nuestras vidas que son consideradas bloqueos a un gran mover de Dios. Aunque apoyo cada idea como extremadamente importante, no bloquean Su venida. Él entra al lugar donde es bienvenido.

Muchas personas quieren llegar a ser casi perfectos para que Dios venga. Me hace recordar a la persona que limpia su propia casa antes de que vengan las personas contratadas para la limpieza y hagan su trabajo. Tratamos de prepararnos para el derramamiento poderoso por medio de hacernos dignos de ello. Nadie lo diría así, pero es la realidad de esta clase de mentalidad.

Aquí está una lista de cosas muy importantes que he escuchado enseñar acerca de asuntos con las que tenemos que tratar antes de que podamos esperar tener un avivamiento:

- Restaura reuniones de oración corporativas, entonces tendremos avivamiento.

- Vuelve a la disciplina de oración y ayuno, entonces tendremos avivamiento.

- Vuelve a darle prioridad al estudio de la Biblia, entonces tendremos avivamiento.

- Vuelve a honrar y orar por Israel de la manera debida, entonces tendremos avivamiento.

- Haz que los niños sean la prioridad de la iglesia, entonces tendremos avivamiento.

- Ser compasivos y cuidar a los pobres, entonces podremos tener avivamiento.

- Restaura el honor a las personas muy mayores, entonces tendremos avivamiento.

- Tenemos que buscar la reconciliación en todas nuestras relaciones personales, antes de que podamos tener avivamiento.

- Tenemos que aprender a darle prioridad a la juventud, o nunca tendremos avivamiento.

- Tenemos que abordar el problema del racismo sistémico, antes de que podamos esperar tener avivamiento.

- Si rechazamos el materialismo y aprendemos la generosidad como un estilo de vida, entonces podemos tener avivamiento.

- Hasta que las mujeres sean valoradas y celebradas debidamente, nunca podremos esperar avivamiento.

- Debemos arrepentirnos por romper pactos con los Pueblos de las Primeras Naciones, entonces podremos tener avivamiento.

- Si tan solo oráramos más en nuestras vidas personales, entonces podríamos esperar avivamiento.

La lista podría seguir y seguir, pero es mi esperanza que hayan captado el punto. Todos estos son asuntos extremadamente importantes a los cuales debemos prestar nuestra atención. Son vitales. Pero Dios nos conoce. Él sabe que si ponemos todas las cosas en su debido orden, y luego Él viene en poder, ultimadamente nosotros tomaremos el crédito por el avivamiento. A veces conseguimos la carreta antes que el caballo, por así decirlo. Lo que leemos en nuestros libros de historia como manifestaciones de un gran mover de Dios, en realidad es el fruto del avivamiento, no la causa. Ahora, obviamente, si Dios dice que ayunemos, ayunamos. La oración y la obediencia siguen siendo la clave para participar en un derramamiento del Espíritu Santo. Y siempre debemos estar pidiendo más. Pero con frecuencia trabajamos tan duramente para causar un avivamiento, que pasamos de lado el ingrediente número uno: Él. Darle la bienvenida, dar lugar a Su corazón, dar espacio en nuestras vidas, nuestro día, nuestros servicios, solo para Él, es el punto. Trabajamos tan duramente para Él, que Él podría llegar y no nos daríamos cuenta.

Todas estas cosas en mi lista son vitales. Probablemente podrías agregar a la lista basado en tus propias convicciones, o posiblemente de mensajes de avivamiento que has escuchado. El problema no es la lista. El problema es que frecuentemente confundimos lo que cambia en avivamiento, con lo que tenemos que hacer para obtener avivamiento. Si Él viniera solo después de que nos hayamos ocupado de todas las cosas en mi lista, terminaríamos por pensar que el mover de Dios se trataba de nosotros. Y si hay algo que tenemos que aprender en este cometido es que Dios se mueve de una manera donde solo Él recibe la gloria. Nuestro honor es participar.

Así que aquí está una respuesta simple a algunos de los asuntos mencionados arriba:

Orar por avivamiento es extremadamente importante. Pero orarás más si el avivamiento llega. Y lo que oramos durante el avivamiento es en parte lo que lo sostiene.

El ayuno tiene su lugar en la búsqueda de avivamiento, pero ayunarás más y con mayor facilidad una vez que el avivamiento llegue. El ayuno es esencialmente tener hambre por algo que el alimento no puede satisfacer. Y ningún precio es demasiado grande para continuar con la maravilla de algo tan glorioso como el avivamiento.

Dar honor a los niños, la juventud y los ancianos son expresiones vitales de la vida cristiana. Es el cristianismo normal. Pero también lo es el avivamiento. Hacemos todo mejor y naturalmente en el avivamiento.

El materialismo es idolatría. Pero el materialismo cesa en el avivamiento, porque nada más importa. Aun la Iglesia primitiva, en medio del avivamiento, consideraba que nada les pertenecía, al buscar cómo vivir estilos de vida generosos. (Ver Hechos 4:32.)

No hay excusa para los abusos y los convenios rotos contra nuestro pueblo de las Primeras Naciones. Una de las primeras cosas que hicimos en el derramamiento del Espíritu Santo entre nosotros fue honrar a nuestra tribu local con palabras de afirmación, oración y apoyo financiero una vez que llegó el avivamiento. Es el fruto, no la causa.

Los efectos prolongados de la esclavitud inspiran una actitud insidiosa de superioridad que da lugar al espíritu de racismo. El racismo en todas sus formas es perverso en todo sentido, desde su mismo fundamento. El avivamiento es vida en la gloria. Jesús dijo que Él nos daba su gloria para que fuéramos uno. (Ver Juan 17:22.) La unidad, aun la unidad racial, se logra mejor en la gloria, que es una manifestación del avivamiento.

El punto es que lo que creas que necesita ser arreglado antes de que Él venga en poder es probablemente lo que Él quiere arreglar cuando venga. Si Él indica que hay que ayunar por tres días, y que entonces vendrá en poder, entonces, hazlo. Puro y simple. Pero necesitamos dejar de tratar de ganar el favor que Él nos ha dado y aprender a darle la bienvenida en cada aspecto de nuestras vidas. Ésta es una travesía relacional, que significa que constantemente estamos tratando con lo que Él aborda en esa travesía.

EL HAMBRE, EL REGALO DE DIOS

Para concluir, el hambre es una buena señal. Soy un padre extremadamente feliz de tres hijos. Cada uno se casó con cónyuges piadosos, quienes por su cuenta nos han dado a Beni y a mí 11 nietos. Ser padres y verlos crecer según el diseño de Dios para ellos es uno de los mayores privilegios que podemos disfrutar este lado del cielo. Pero recuerdo bien cuando eran bebés. Una de las maneras en que uno podía darse cuenta de que uno de ellos estaba enfermo era que dejaban de tener hambre. Claro, hay fiebres y otras manifestaciones de enfermedad. Pero la que influye en mi pensar hasta el día de hoy es la ausencia de hambre. Es una seña de enfermedad. Esto es absolutamente cierto para los seguidores de Jesús. La ausencia de hambre habla a la condición del corazón que necesita ser avivado. Necesita recibir el calor del amor de Dios que restaura la esperanza y nuestra conexión con por qué estamos vivos.

De la misma manera en que no se nos puede antojar algo dulce a menos que lo dulce exista, no podemos tener hambre por la realidad del Cielo en la tierra a menos que esa realidad exista. El avivamiento es una realidad así. Sabemos que existe porque se vio en el estilo de vida de Jesús. También sabemos que está dentro del alcance porque Jesús nos enseñó a orar por ello a través de la siguiente Oración del Discípulo:

Padre nuestro que estás en los cielos,
santificado sea tu nombre.
Venga tu reino.
Hágase tu voluntad,
como en el cielo, así también en la tierra.
El pan nuestro de cada día, dánoslo hoy.
Y perdónanos nuestras deudas, como también nosotros perdonamos a nuestros deudores.
Y no nos metas en tentación, mas líbranos del mal; porque tuyo es el reino, y el poder, y la gloria, por todos los siglos. Amén. (Mateo 6:9-13 RVR60).

Fuimos diseñados para la eternidad en el Cielo. Es nuestra naturaleza tener hambre de esa realidad ahora, a través de las diversas manifestaciones del avivamiento y Sus muchas demostraciones de gloria. El avivamiento es vivir en la gloria.

Capítulo Siete

RIQUEZAS ESPIRITUALES

Un avivamiento genuino sin el gozo del Señor es tan
imposible como una primavera sin flores,
o una aurora del día sin luz.
CHARLES SPURGEON

EXISTE un principio que se encuentra a lo largo de las Escrituras, que en verdad tiene mayor efecto sobre el tema de avivamiento, de lo que la mayoría de nosotros hubiéramos pensado. Es primero lo natural, luego lo espiritual. Nuestra mayordomía de las cosas naturales nos prepara para la mayordomía de lo espiritual. El apóstol Pablo dijo esta frase en su instrucción a la iglesia en Corinto. Les estaba enseñando acerca del misterio y la necesidad de la resurrección.

Sin embargo, el espiritual no es primero, sino el natural; luego
el espiritual. (1 Corintios 15:46).

Para ilustrar este concepto tal como aparece a través de la Escritura, un cordero natural era sacrificado para la expiación del pecado. Jesús, el cordero de Dios, llegó a la escena para cumplir todos los requisitos de la ley a favor nuestro al darse a sí mismo como una ofrenda. Al hacerlo, descontinuó los sacrificios animales. *Primero el cordero natural, luego el cordero espiritual.*

Y otra vez, Adán fue el padre de la humanidad. Si hubiera vivido en justicia, hubiera sido nuestra herencia hasta este día. Pero en lugar de ello, pecó, y heredamos su pecaminosidad. Jesús vino como el último Adán, llegando a ser el *"padre eterno"* de toda una nueva clase de personas llamada una *"raza escogida"* en 1 Pedro 2:9. Y de la misma manera en que heredamos la pecaminosidad a través de Adán, así heredamos la justicia de Cristo en el último Adán por medio de nuestra entrega total a Él. *Primero el Adán natural, luego el Adán espiritual.*

Este concepto figura por todas las Escrituras. Pero Jesús enseñó este principio de la manera más inusual—y en el ambiente de hoy—de una manera sumamente ofensiva. Usó el concepto en lo que respecta al dinero.

> *Por tanto, si no han sido fieles en* el uso de *las riquezas injustas, ¿quién les confiará las* riquezas *verdaderas? Y si no han sido fieles en* el uso de *lo ajeno, ¿quién les dará lo que es de ustedes?* (Lucas 16:11-12).

"Riquezas verdaderas" no significa más dinero. No te está enseñando cómo aumentar tus ingresos o mejorar en cuanto a tu seguridad financiera. Esta lección no es *si manejas tu dinero bien, te tocará tener más.* Hay lugares en la Biblia que nos dan percepción en cuanto a cómo traer aumento a nuestras vidas en general, sea finanzas, el uso de los dones, amistades, etc. Pero aquí dice, bastante claramente, que el nivel de nuestra fidelidad en cuanto al dinero injusto determina la medida de las riquezas verdaderas que disfrutaremos. Las riquezas verdaderas no son de este mundo. Es la esfera del Reino de Dios, manifestado sobre nuestras vidas, que es el toque culminante de nuestra mayordomía fiel de dinero. Para

mí, "las riquezas verdaderas" abordan fácilmente el tema del avivamiento, porque la presencia manifiesta de Dios, Su gloria revelada y derramamiento absoluto del Espíritu Santo es el ejemplo máximo de verdaderas riquezas.

El derramamiento del Espíritu Santo es la riqueza más grande del cielo, llamada *presencia,* que es derramada sobre un pueblo sumamente necesitado. No sé si podríamos posiblemente imaginarnos un mayor ejemplo de riquezas que el Espíritu Santo mismo.

NO SE PUEDE COMPRAR

Sería un error grave enseñar que damos dinero inmundo para obtener riquezas celestiales. Hubo tiempos en la historia en que se les enseñaba a los creyentes que podían comprar la salvación para otra persona por medio de sus donaciones a la iglesia. He escuchado a algunos líderes enseñar que si les damos dinero, Dios nos premiará, sanando a nuestro familiar enfermo o dando mayor unción en nuestras vidas. Provoca nauseas leer de tales cosas en la historia de la Iglesia, y ni se diga al verlo suceder hoy. Es una realidad desafortunada, tanto en el pasado como en el presente.

No podemos comprar sanidad, avivamiento, o refrigerio espiritual o derramamiento de manera alguna. Esa es una interpretación enferma de esta maravillosa verdad. Y sin embargo, lo que Jesús enseñó causaría calumnias en su contra en los medios de hoy dentro de nuestro ambiente político actual. Es importante ver las dos cosas que Jesús quería que experimentáramos como resultados de seguir Su enseñanza. Una es que aumentaríamos en verdaderas riquezas, que no es dinero. La verdadera riqueza es la realidad del mundo invisible, funcionando en nuestras vidas de una manera que glorifica a Dios y nos establece aun más en identidad y propósito. El mundo invisible es superior en todo sentido a lo que vemos en lo natural. Y sin embargo, es nuestro cuidado y mayordomía sobre lo natural lo que nos prepara para lo invisible. La segunda parte de este pasaje es otro enfoque, *lo que es de ustedes*. Jesús nunca dijo que el dinero era la raíz de todo mal. Es el amor al dinero lo que es la raíz de todo mal. Jesús nunca dijo que las cosas materiales son malas, o que poseerlas es malo. De hecho, Él prometió traer aumento a esas áreas si eres fiel. (Ver Marcos 10:29-31). Pero el objetivo, sin posibilidad de equivocarse, es la realidad del Cielo en la tierra. Verdaderas riquezas.

LAS ESFERAS DE LAS PRUEBAS FINANCIERAS

Hay tantas áreas en nuestras vidas que de alguna manera están conectadas con el dinero. Esta área es probablemente una de las áreas mas malinterpretadas de la vida, y por lo mismo es propensa a la enseñanza errónea sobre el tema. Los dos extremos que veo son *tu espiritualidad se mide por tus ingresos, riquezas, posesiones o título*. El segundo es *tu espiritualidad se mide por tu falta o pobreza*. De algunas maneras, es mucho más fácil regalar todo y luego permitir que otros enfrenten el desafío de la administración correcta de los recursos y no nosotros. Tal administración nos lleva al tema de la mayordomía, que es uno de los más vitales en las Escrituras. Pero permíteme hacer algo muy claro desde el principio: Administrar dinero rara vez se trata del dinero. La mayordomía del dinero revela en lo natural qué tan bien estamos manejando nuestros pensamientos, ambiciones y sueños. Tiene todo que ver con un versículo clave para mi vida que se encuentra en Proverbios 4:23.

Con toda diligencia guarda tu corazón,
Porque de él brotan los manantiales de la vida.

Todos los asuntos de nuestras vidas fluyen de nuestros corazones. La imagen es muy parecida a un manantial en el suelo que continuamente burbujea, creando varios arroyos que llenan el paisaje. Manejar el corazón, la fuente de ese manantial, asegura la pureza de los arroyos que salen de allí para definir la vida para el individuo. Por un lado, el corazón puede ser conocido por la impureza. Jesús habló de esa realidad de esta manera:

Porque del corazón provienen malos pensamientos, homicidios, adulterios, fornicaciones, robos, falsos testimonios y calumnias. Estas cosas son las que contaminan al hombre (Mateo 15:19-20).

En cuanto al lado opuesto del espectro, dijo,

Bienaventurados los de limpio corazón, pues ellos verán a Dios (Mateo 5:8).

Así que el corazón es capaz de revelar dos realidades completamente diferentes, dos mundos diferentes: el mundo de muerte y tinieblas espirituales y el mundo de vida y verdadera semejanza a Cristo. Elegir el segundo es recompensado con ver la cosa más maravillosa y hermosa en existencia: Dios mismo. El corazón fijo en buscar el rostro de Dios será recompensado. Es burlar de Dios pensar que podemos sembrar una vida de perseguir a Dios y no ser premiado. (Ver Gálatas 6:7).

Posiblemente esta sola declaración ayude a aclarar este asunto para todos nosotros, "porque donde esté tu tesoro, allí estará también tu corazón" (Mateo 6:21). Los corazones revelan lo que atesoramos o valoramos más.

MAYORDOMÍA

Hay cuatro áreas de mayordomía que resaltan para mí. No es mi intención hacer esto acerca deo dinero. Y aun si hago referencia a nuestras vidas financieras, siempre es para otra cosa, algo mucho más significante e importante.

Dar

La generosidad es una parte significante de nuestra vida de mayordomía piadosa. Personalmente, todavía considero que el concepto del diezmo es el lugar de inicio de nuestras vidas financieras, ya que es la demostración de nuestra entrega a Su Señorío. Muchos cometen el error de asumir que la Ley del Antiguo Testamento trajo el concepto del diezmo. No fue así. Simplemente ratificó lo que Abraham, el padre de la fe, primeramente introdujo, cuatrocientos años antes de la Ley. Independientemente de tus convicciones, la generosidad sigue siendo una parte crucial de nuestras vidas. Pero la generosidad va mucho más allá del dinero. Es la habilidad y el deseo de expresar bondad a una mesera, la paciencia que mostramos cuando están reparando nuestro automóvil, o el corazón de compasión por la madre sola que está ahora pasando tiempos aun más difíciles. No es un botón que prendemos y apagamos. Es una forma de vida.

Contentamiento

Entre más pensemos que nuestro éxito en la vida se mide por posesiones o ingresos, más venderemos lentamente nuestra alma para conseguir incremento. Y aunque digo en serio la frase "vender tu alma", no es una decisión de una sola vez de "venderlo". Por lo general es un arder lento, en que la pasión por las riquezas empieza a robar tu alma de su deseo por las cosas celestiales. Esto es muy significante en el tema total de avivamiento, si tomamos en cuenta que todos los avivamientos significantes marcan un tiempo de prosperidad financiera. Es una recompensa por buscar primeramente el Reino de Dios. La inhabilidad de hacer esa distinción entre lo que hemos de perseguir más la recompensa de la búsqueda correcta, les ha costado a generaciones previas el impacto sobre las naciones que el ímpetu de su avivamiento había creado. *"Y pon cuchillo a tu garganta si eres hombre de mucho apetito"* (Proverbios 23:2). Haz lo que tengas que hacer para permitir a Dios traer el incremento que Él ha intencionado para tu vida. Es con el propósito de revelar Su gloria sobre Sus hijos. Pero asegúrate, si te has inclinado a la lujuria por cosas, de tomar medidas para hacer cumplir *restricciones autoimpuestas*. Tales restricciones podrían salvar tu vida.

Invertir

Aquí hay una aparente contradicción: No querer más, para los propósitos de revelar la gloria de Dios y servir a la humanidad, es vivir una vida centrada en sí mismo. ¿Cómo puedo escuchar el clamor de la madre soltera, o el hombre que no tiene trabajo, o el hombre sin casa junto al autopista, y no instintivamente querer satisfacer su necesidad? No puedo resolver todos los problemas en mi alrededor. Pero con más recursos, puedo hacer más de lo que estoy haciendo ahora.

La Biblia habla de cómo tener una familia sana porque Dios quiere que tengamos familias sanas. De la misma manera, la Biblia habla de cómo traer aumento financiero a nuestras vidas, porque Él quiere que tengamos incremento. Dios dio la semilla para sembrar porque creó el concepto del incremento. Un grano de maíz plantado en la tierra no rinde un grano de maíz. No valdría el esfuerzo. Rinde un incremento significativo. Dos de las parábolas de Jesús tratan con la perspectiva de Dios en cuanto al incremento de maneras profundas: la parábola de los talentos y la parábola de las minas. Tanto los talentos como las minas son divisas; cantidades específicas de dinero. En ambas historias las personas que trajeron incremento fueron recompensados. Y el único que fue juzgado en la historia fue le que no tuvo incremento. Pero la parte más extraña de la historia, la que es más ofensiva para muchos, es que Jesús le quitó el talento a ese siervo infiel y se lo dio al que tenía la mayor cantidad. Al hacerlo, Jesús se descalificó como un socialista. Por supuesto, estas parábolas hablan a áreas de la vida que no son financieras en su naturaleza. Pero como dije anteriormente, la parte financiera de nuestras vidas es solo la punta del iceberg, representando áreas mucho más significativas que revelan nuestro corazón. Primero lo natural, luego lo espiritual. Nuestra mayordomía del dinero debe incluir el estudio de traer incremento bíblico de una manera que glorifique a Dios y nos permita tener mayor impacto en la vida alrededor de nosotros.

Compras sabias:

Vivimos en un mundo materialista, un hecho que en sí no es malo. Aunque ciertamente ha sido marcado por el pecado y se ha convertido en la búsqueda por parte de aquellos que han caído en terrible idolatría-materialismo, no es inherentemente oscuro o mundano. Los que entregaron lo que poseían para los propósitos de Dios son recompensados con más de lo que entregaron. (Ver Marcos 10:30.) Jesús incluyó un concepto en el pasaje de Lucas 16, mencionado arriba, que no creo que he escuchado enseñar: "*¿Quién les dará lo que es de ustedes?*" El concepto abordado aquí es nuestra disposición de administrar, de una manera responsable, algo que le pertenece a otra persona. Podría ser un auto rentado, o las buenas noticias de la promoción de un amigo, o quizás las herramientas que tu vecino te prestó; todas éstas son posesiones que le pertenecen a otro.

Cuidar un auto rentado como si fuera el mío es mi responsabilidad. Revela *cuánto más de lo mío puedo cuidar.* Regocijarme por un amigo que ha recibido una promoción en el trabajo, en ocasiones la misma promoción que yo deseaba para mí, es la prueba para ver si soy capaz de ser buen mayordomo de aquello *que poseo.* Regresar herramientas prestadas, más limpias y en mejor condición que cuando me las prestaron, frecuentemente viene a ser la medida en que puedo ser buen mayordomo de mis propias herramientas. El punto inescapable es que Dios hizo que por medio de la mayordomía piadosa podamos tener algo que podemos llamar nuestro; incremento. Él es un buen Padre, quien anhela recompensar la fidelidad de Sus hijos. Creo que es posible ilustrar los valores de Dios en cuanto a la excelencia y la belleza a través de lo que compramos, manejamos y supervisamos. Ciertamente fue parte del testimonio que Salomón tuvo con la Reina de Sabá. (Ver 1 Reyes 10:1-10.) Y tiene que ser algo más que caro; entonces solo los ricos pueden participar. Para mí, es vivir consideradamente, con propósito e intencionalidad, con la meta de siempre vivir con excelencia. Para ellos siempre se trataba de ser excelente. Es una parte de nuestra fe que no es tomada en cuenta, como es una manera muy práctica para ilustrar nuestro amor por Dios. *Todo lo que hagan, háganlo de corazón, como para el Señor y no para los hombres (Colosenses 3:23).*

MATERIALISMO

Cuando dije que sí a seguir a Jesús, le di todo. No me importaba si nunca volvía a poseer cosa alguna más que la ropa que traía puesta y mi Biblia. Todo lo demás era un extra. Y aunque dar todo es la vida cristiana normal, se pueden formar actitudes que para nada se asemejan a Cristo. Empecé a considerarme superior (or menospreciar) a los que poseían mucho. Mi preocupación en cuanto al materialismo en la iglesia era legítima. Les ha robado a tantos de su destino, causando que se conformen con lo inferior.

El materialismo está relacionado con la avaricia, que es llamada idolatría. (Ver Efesios 5:5.) No es un problema pequeño. Pero pronto aprendí que si el enemigo no puede lograr que yo caiga en avaricia e idolatría, tratará de hacerme caer en un espíritu de crítica hacia cualquier persona que posea demasiado. Para hacer tal tengo que pensar que son materialistas e idólatras, cuando podría ser que son aquellos de quienes habla la Biblia, que dieron en secreto, y Dios decidió recompensarles abiertamente. (Ver Mateo 6:3-4.)

Yo tenía una perspectiva, que es demasiado común en la Iglesia: aborrecer el mundo natural. Y aunque yo sé que la creación ha sido marcada por el pecado, sigue siendo hermosa. Según Pablo, se nos ha dado el mundo, y tenemos la responsabilidad de cuidarla.

Cuando llego a criticar y juzgar a otros, reflejo el pecado del cual les estoy acusando, pero peor. Es una trampa cuando pensamos que conocemos el corazón de otro. Tenemos que ver esto como territorio prohibido y simplemente no acudir allí.

El punto es, las cosas materiales importan por el hecho de que a menudo son el lienzo sobre el cual exhibimos nuestro compromiso a la excelencia y la belleza. Es realmente posible revelar la naturaleza de la sabiduría de Dios por medio de la mayordomía. El mundo material es también donde se revela nuestros estándares de mayordomía.

La excelencia, creatividad e integridad forman el cordón de tres hilos de la sabiduría. La naturaleza y la bondad de Dios pueden ser reveladas en lo que poseemos y cómo administramos nuestras posesiones. No me aferro demasiado a aquello que se me ha confiado. El Padre a veces probará nuestros corazones al dirigirnos a regalar aquello que es importante para nosotros. Mis prioridades de las cosas espirituales deben ser reveladas por el hecho de que si bien puedo poseer cosas, las cosas no me poseen.

Tuvimos una temporada en nuestra vida matrimonial en la cual casi todo lo que poseíamos nos llegaba de una manera muy significativa. Dios proveyó para nosotros de maneras inusuales, casi siempre conectado a un momento de obediencia desafiante que Dios honró. Lo que es hermoso acerca de esa temporada es el hecho de que mi hogar está lleno de lo que Biblia llamaría *monumentos*: cosas que testifican de la bondad de Dios. Cuando la vida es vivida de tal manera, aun el mundo material habla de Dios, aumentando nuestros afectos por Él, no lo contrario.

Administrar las bendiciones naturales me recuerda mucho del desafío que Moisés tuvo cuando el Señor le dijo que tirara su vara. Se convirtió en una serpiente. Y luego Dios le dijo que levantara la serpiente por la cola. Hacerlo de la manera en que Dios dijo es lo que le impidió ser mordido por esa serpiente. Aferrarnos a la provisión de Dios, Su camino, es lo que nos impide ser mordidos por esa serpiente.

Y LUEGO LO ESPIRITUAL

Cuando me conformo con posesiones y posiciones, en lugar del incremento en la esfera invisible en la vida, me estoy conformando con lo inferior. El enemigo quiere que yo viva en distracción continua para que mis afectos no estén en su lugar debido y que queden diluidos. Aun mi mejor mayordomía de las cosas naturales es para algo. Es para riquezas espirituales, bendiciones, experiencias, percepciones, y victorias. Es para eso que nacimos. Despreciar las cosas naturales no hace nada para prepararme para el Cielo.

Sé que la manera en que ejerzo mi mayordomía sobre lo que Dios me da es una prueba para las verdaderas riquezas de las realidades del Reino. Ésta es una lista que no se acaba para mí: dones espirituales, promesas, favor, percepción y revelación, promoción, mayor unción, oportunidades de colaborar en lo imposible, y sigue y sigue. El punto es, nuestra mayordomía de lo simple, lo natural, es para probar cuánto se nos puede confiar en lo sobrenatural. Y es el estilo de vida sobrenatural para el cual nací.

Capítulo Ocho

MANTÉN EL FUEGO ARDIENDO

*Un estado constante de avivamiento en una congregación
ciertamente es mucho más preferible que emociones
temporales, por profundos y beneficiales los resultados;
y si es posible lograrlo, ¿acaso no debe toda
congregación disfrutarlo?*[16]
SIMEON WELCHER HARKEY

PONGO nerviosos a algunas personas cuando enseño cualquier cosa que tenga que ver con la soberanía de Dios. Porque estas preocupaciones vienen por parte de personas muy respetadas, considera lo que tengo que decir cuidadosamente, a la luz de la Escritura, y *come la carne y echa fuera los huesos.* Admito que mi énfasis es generalmente sobre nuestras responsabilidades ante Dios. Nunca es mi intención cuestionar o desafiar la naturaleza de Dios o Su corazón o lo que Él puede y no puede hacer. Él es el Soberano Señor sobre todo. Puede hacer lo que quiere hacer sin tener jamás que explicarse a ninguno de nosotros. Él no me debe nada; ¡pero me da todo!

16. Simeon Walcher Harkey, *The Church's Best State or Constant Revivals of Religion* (Miami: HardPress, 2017).

Mi mayor preocupación y enfoque están en nuestra responsabilidad de hacer nuestra parte en llevar a cabo Su plan soberano. Simplemente no quiero quedar corto en cuanto a abrazar la tarea que Él me ha dado. En otras palabras, no quiero encontrarme esperando que Él haga algo cuando Él me está esperando a mí. A mi manera de pensar, esa es la mayor preocupación.

A veces surge una controversia innecesaria sobre el tema de la soberanía de Dios en que hay dos realidades que no tienen por qué estar en conflicto. Una es la soberanía absoluta de Dios, donde Él es capaz de actuar completamente separado de nuestra voluntad o deseo. Nosotros no lo controlamos de manera alguna. La segunda es que, a la misma vez, Él nos acoge en una relación donde, por Su diseño, tenemos el privilegio de influir en Él. Ese es el privilegio básico de la oración. Él puede hacer cualquier cosa que quiera, con o sin nosotros. Pero frecuentemente, Él escoge actuar en asociación con aquellos a quienes hizo a Su imagen, quienes lo adoran por elección propia.

Dios puede hacer todo mejor de lo que nosotros podemos. Jesús modeló la perfección absoluta del Padre en todo lo que hacía. Mis intentos de imitar son genuinos y sinceros, mas incompletos. Y aun así Él nos da la bienvenida a un servicio donde nuestra constante falta es compensada de la manera muy parecida como cuando Jesús multiplicó los panes y los peces. Su toque adicional a nuestros mejores esfuerzos eleva nuestro impacto a un nivel al que Jesús se refirió con confianza *"y obras aun mayores harán"* (ver Juan 14:12). Tal promesa tan asombrosa no significa nuestra grandeza tanto como ilustra cómo Su gracia es la suficiencia que compensa todo lo que falta. Eso no es para implicar que no maduramos ni mejoramos en todo lo que Él nos ha llamado a ser y a hacer. Simplemente significa que la infinita gracia de Dios nunca será igualada por nosotros. Su gracia será necesitada por la eternidad conforme sigamos creciendo para ser más como Él. Posiblemente eso es lo que Pablo quería decir cuando dijo, *"Para mostrar en los tiempos venideros la incomparable riqueza de su gracia, que por su bondad derramó sobre nosotros en Cristo Jesús"* (Efesios 2:7 NVI). Esta maravillosa gracia de Dios será descubierta y disfrutada, y se dependerá de él por toda la eternidad —*los tiempos venideros.* Dios es un Dios hacedor de pactos, quien se deleita en todo lo que Él ha hecho para los propósitos que ha intencionado. Si Dios alguna vez fuera a tener limitaciones de cualquier clase, serían autoimpuestas.

LA VOLUNTAD DE DIOS

Mi definición absolutamente favorita de la voluntad de Dios se encuentra en las Escrituras en la oración que Jesús les enseñó a Sus discípulos a orar. *"Venga tu reino. Hágase tu voluntad, como en el cielo, así también en la tierra"* (Mateo 6:10). Esa es la voluntad de Dios—que la realidad de Su gobierno se haga realidad en cada parte de nuestras vidas y en todo aspecto de la vida en el Planeta Tierra. Casi todo en lo que puedo pensar que cae en la categoría de la voluntad de Dios para mi vida se puede encontrar en la respuesta a esa oración: *"Como en el cielo, así también en la tierra".*

Bob Mumford ofrece claridad muy necesitada sobre el tema de la voluntad de Dios en su libro, *The King and You* ("El rey y tú").

Necesitamos entender que hay dos palabras diferentes usadas en el griego para nuestra palabra en inglés "voluntad", como es usada a través de la Escritura. Una es *boulema*, y la otra es *thelema*. *Boulema* significa los consejos eternos de Dios que se están dando a través de las edades—Su propósito—Su determinación. Se va a hacer, nos guste a ti y a mí o no. Las intenciones de Dios se llevarán a cabo. Sin embargo, *thelema*, que significa el querer o deseo de Dios, más a menudo depende de la respuesta de cada individuo para que se cumpla.[17]

Ésta fue una verdad que me ayudó mucho a entender la voluntad de Dios de manera más clara. La palabra *thelema* no nulifica a Dios como el Soberano Absoluto. Lo que sí hace es revelar cómo el Soberano nos escribió en Su diseño. Este Soberano Señor nos escogió para ser colaboradores con Él en el cumplimiento de Sus propósitos. Eso significa que Él obra en y a través de Sus hijos e hijas para implementar Su voluntad en la tierra. Enfrentémoslo. Él puede hacer todo lo que nos ha llamado a hacer significantemente mejor que todos nosotros combinados. Él puede predicar mejor, alimentar a los hambrientos mejor, sanar a los enfermos y levantar a los muertos mejor, y la lista sigue y sigue. El punto no es que cuestionemos Su habilidad. Es que reconozcamos nuestra respuest-*abilidad*. Aquí hay un ejemplo perfecto del uso de *thelema* que en las Escrituras es traducida como "querer".

> Porque *esto es bueno y agradable delante de Dios nuestro Salvador, el cual **quiere** que todos los hombres sean salvos y vengan al pleno conocimiento*[a] *de la verdad.* (1 Timoteo 2:3-4).

¿Cuál es la voluntad de Dios en este versículo? Que todos los hombres sean salvos. ¿Se están salvando todos? No. Nosotros tenemos una parte para que Su deseo se cumpla en la tierra.

---

17. Bob Mumform, *The King and You* (Old Tappan, NJ: Spire Books, a div. of Fleming H. Revell Company, 1974), 27.

Él le ha dado a la humanidad el don invaluable de Su voluntad. Esto incluye a aquellos que se entregan a Jesús como Señor y lo que esos convertidos hacen con sus asignaciones ante Dios. En otras palabras, si no enviamos a nadie a compartir el Evangelio con una etnia en particular, probablemente habrá pocas conversiones, si acaso alguna. ¿Era esa la voluntad de Dios? No. Él dijo, "¡Id!"

SU RESPUESTA A NUESTRAS ACCIONES

Dios puede hacer todo mejor de lo que nosotros podemos. Pero Él ha elegido la colaboración entre Él y la humanidad redimida. Un versículo favorito en este respecto se encuentra en Hechos 4:

> *"Y ahora, Señor, mira sus amenazas, y concede a tus siervos que con todo denuedo hablen tu palabra, mientras extiendes tu mano para que se hagan sanidades y señales y prodigios mediante el nombre de tu santo Hijo Jesús"* (Hechos 4:29-30).

Aquí Pedro pide denuedo para que, al declarar la Palabra de Dios en confianza audaz, Dios responda extendiendo Su mano para sanar en honor del nombre de Jesús que ellos llevan. Ellos declararon. Dios sanó. Trabajo en equipo.

APRENDIENDO DE LOS SACERDOTES DEL ANTIGUO TESTAMENTO

Toda mi razón para comenzar este capítulo de esta manera es para afirmar y, sin embargo, desafiar una de las grandes declaraciones históricas acerca del avivamiento: *Es avivamiento es un mover soberano de Dios. ¿Es cierto?* Absolutamente. Nunca podríamos experimentar un gran mover de Dios simplemente porque lo logramos por nuestra voluntad. Los grandes moveres de Dios son iniciados por Él. No hay pregunta. Pero mi desafío a esta idea viene de la noción de que era la voluntad de Dios que el derramamiento terminara. El resultado devastador de esta manera de pensar es que nos suponemos entonces que los grandes moveres de Dios no deben convertirse en una forma de vida, sino que son invasiones temporales de Dios para darnos una inyección de refuerzo para fortalecernos para la siguiente temporada. Considera este pensamiento alarmante: En el Antiguo Testamento, Dios encendía el fuego en el altar. Pero eran los sacerdotes quienes lo mantenían ardiendo. ¿Por qué empezaba el fuego? A causa de Dios. ¿Por qué se acababa? A causa del hombre. Todo fuego se apagará si se termina el material combustible para quemar.

Proverbios advierte, *"Por falta de leña se apaga el fuego"* (Proverbios 26:20) y describe *"Y el fuego que nunca dice: ¡Basta!"* (Proverbios 30:16). Es un tanto simple, pero el fuego quema mientras que haya combustible que quemar. Si los fuegos de avivamiento se acaban, el hombre tuvo algo que ver con ello. Si mis suposiciones son ciertas, entonces Dios tiene una forma de vida planeada para nosotros que va mucho más allá de lo que la mayoría hemos experimentado en esta vida. Me gusta pensar en ello como el estilo de vida de avivamiento. Otros lo llaman la vida ascendida, que es vivir desde el Cielo hacia la tierra en comunión ininterrumpida con el Espíritu Santo. Independientemente del título que le demos, hay más. Y nos toca a nosotros perseguirlo.

No considero este concepto de Dios encendiendo el fuego en el altar y el hombre causando que se apague una violación de la soberanía de Dios de manera alguna. La voluntad de Dios fue revelada en avivamiento. Es hecha posible por medio de Dios imitando Su voluntad entre nosotros. Su voluntad es muy parecida a un manantial que pasa por nosotros continuamente. Meterme a ese manantial es mi respuesta a Su voluntad. Él nos destinó para el avivamiento. Yo cooperé por medio de rendirme a Su voluntad y meterme al manantial.

Mi preocupación tiene poco que ver con que alguien esté de acuerdo conmigo en cuanto al tema de la soberanía. Mi preocupación es que no captemos el corazón de Dios por Su pueblo, porque Él es mucho más extravagante en Su voluntad para nosotros de lo que tenemos la imaginación para captar. La esencia es que muchos esperan a que Él actúe. Y frecuentemente Él es quien nos está esperando a nosotros. Tenemos que aprender a responder a lo que Él nos ha dado con actos de fe.

¿TERMINA DIOS EL AVIVAMIENTO?

Aunque ésta pueda parecer una contradicción a mi declaración previa, Dios, de hecho, por Su voluntad hace que avivamientos se acaben. Pero no es porque no quiere que experimentemos un aumento en el derramamiento de Su Espíritu. Es por lo que nosotros hemos hecho con lo que Él nos ha dado. En una ocasión trajo confusión a los que estaban construyendo la torre de Babel porque podían lograr cosas fuera de Su propósito para la humanidad. Esa capacidad para construir era una capacidad que Él les había dado. Por extraño que parezca, no siempre lo hemos hecho bien con los grandes moveres de Dios. La competencia, autopromoción, estilos de vida descuidados y esfuerzos por controlar el mover de Dios, todas éstas se han desarrollado en los tiempos de avivamiento. ¿Quería Dios que el avivamiento terminara? No. Pero rehusó añadir Su presencia a la *torre* que los líderes estaba construyendo, y permitió que sus propios intereses egoístas trajeran confusión a los constructores.

Una vez más, a lo largo de la historia vemos tiempos cuando fue la voluntad de Dios que un mover terminara. Pero lo que se interesante es el porqué. Él rehusó añadir Su bendición a la carnalidad y el control de personas. Así que, sí, fue la voluntad de Dios que se acabara. Él no quería que Su bendición permitiera que Su pueblo distorsionara o pervirtiera Sus propósitos en la tierra.

ÉL DISCIPLINA A LOS SUYOS

Una de las realidades subestimadas en nuestras vidas es la disciplina del Señor. Es tan valiosa porque en esencia valida la conversión de un individuo.

> *Pero si están sin disciplina, de la cual todos han sido hechos participantes, entonces son hijos ilegítimos y no hijos verdaderos* (Hebreos 12:8).

No es para castigo. Su disciplina viene para mantenernos lejos de lo que mata y destruye, y nos atrae a lo que da vida y libertad. La disciplina es la entrada a más vida. Proverbios, el gran libro de la sabiduría, declara una y otra vez el maravilloso valor de esta experiencia. Supongo que la razón que a la mayoría de nosotros no nos gusta es porque nuestro orgullo y nuestros intereses propios mueren en la travesía. Pero fuimos diseñados para mejorar. Tal es la vida del discípulo de Dios.

El resultado de este proceso es bastante excepcional, especialmente cuando consideramos las otras opciones.

> *Porque es tiempo de que el juicio comience por la casa de Dios* (1 Pedro 4:17 RVR60).

Si los juicios de Dios comienzan con nosotros, somos transformados. Cuando somos transformados, somos mucho más capaces de representar bien al Señor. Esto a su vez da lugar a que más personas vengan a Cristo. Por el otro lado, si el juicio de Dios empieza con el no-creyente, el único resultado posible es la condenación. No tienen mediador, quien para nosotros es Cristo Jesús. Sus juicios tienen que empezar con nosotros. Y no hay mayor elemento purificador que los fuegos de avivamiento.

¿EL FUEGO ES BUENO O MALO?

El fuego ha tenido una influencia interesante en las vidas de las personas en las Escrituras. Lo más obvio es el factor purificador. Uno fácilmente podría observar el fuego del refinador en el proceso de purificar el oro como un bello ejemplo. Se me ha dicho que la persona encargada de purificar este metal pone el contenedor de oro sobre el fuego hasta que todas las impurezas lleguen a la superficie a medida que se derrite. Él cuidadosamente quita las impurezas en sus esfuerzos de tener el oro más puro y refinado que sea posible. Él sabe cuándo es completamente puro: Es cuando puede mirar la superficie y ver la imagen no distorsionada de su propio rostro, muy parecido como en un espejo. Es éste el mismo proceso con el cual Jesús nos refina a nosotros. Lo hace hasta que pueda ver Su semejanza en nosotros. Esa es la verdadera razón del refinamiento— para revelar a Jesús en la tierra.

Pero es importante que no nos detengamos allí, como tantos lo han hecho. La Biblia habla más de este elemento transformador. El fuego tiene otro propósito y efecto, uno que, admito, no entiendo pero disfruto mucho. Fueron las lenguas de fuego que no solo purificaron a los 120 en el aposento alto en el día de Pentecostés, pero que ultimadamente les trajo gran fortaleza y aliento. *"El que habla en lengua extraña, a sí mismo se edifica*" (1 Corintios 14:4). Solo Dios tomaría el fuego usado para refinarnos y hacer que sea una herramienta que nos trae aliento y fortaleza.

Esto me hace recordar los efectos duales de la Espada del Espíritu, que es la Palabra de Dios. Es una espada de doble filo que tiene dos efectos muy diferentes: Corta, y sana lo que corta.

> *Porque la palabra de Dios es viva y eficaz, y más cortante que toda espada de dos filos; y penetra hasta partir el alma y el espíritu, las coyunturas y los tuétanos, y discierne los pensamientos y las intenciones del corazón* (Hebreos 4:12 RVR60).

La Palabra de Dios corta más profundamente de lo que nuestra percepción pudiera llevarnos. Entra en el territorio desconocido llamado el corazón del hombre. Sin la luz de Dios brillando sobre nuestros pensamientos, intenciones y motivos, nunca podríamos conocer la condición de nuestros propios corazones. Pero Él no nos deja cortados, abiertos y expuestos. Él trae sanidad a cada área de nuestras vidas cuando nos rendimos a Él en tiempos cuando estamos expuestos.

> *Envió su palabra, y los sanó,*
> *Y los libró de su ruina* (Salmo 107:20).

De la misma manera que la Palabra de Dios tiene dos efectos, así también el fuego de Dios. Purifica y alienta. Ésta es la misteriosa, mas maravillosa gracia de Dios en acción.

EL FUEGO SOBRE EN ALTAR

Podemos ver en el Antiguo Testamento que Dios encendía el fuego sobre el altar, y eran los sacerdotes quienes lo mantenían ardiendo. También reconocemos que bajo el Nuevo Pacto cada creyente es un sacerdote ante el Señor. Así que, ¿cómo pueden los sacerdotes de esta hora mantener el fuego ardiendo? ¿Cuáles son los materiales que se deben colocar sobre el altar para que queme? No utilizamos ninguna de las siguientes expresiones para así controlar y motivar a Dios a que haga lo que queremos. Todas son cosas que podemos colocar sobre el altar para entrar más plenamente en lo que Él ha diseñado y deseado que experimentemos.

La confesión pública del pecado: Ésta frecuentemente ha sido usada por Dios como el catalizador para encender fuegos de avivamiento, que es el derramamiento poderoso del Espíritu. Dios responde al arrepentimiento y la humildad. A través de la historia del avivamiento, los planteles de universidades cristianas se han dado a conocer de manera especial por esta manifestación. Dios ama y honra la humildad expresada en estos tiempos, y a menudo desata medidas cada vez mayores de *lluvia del cielo*. Este es un atractivo muy legítimo y fruto del avivamiento. Pero a veces el problema viene cuando eso solo se convierte en nuestra definición de un avivamiento. Entonces de hecho se necesitaría más pecado para que el avivamiento siga. Tenemos que encontrar cómo el avivamiento puede expandirse y sostenerse como un resultado del pecado confesado. Tiene que ir a alguna parte.

Humillarnos delante de nuestros hermanos y hermanas a menudo atrae la bendición de Dios sobre nuestras reuniones. Sea en la confesión de nuestros pecados, o servirnos los unos a los otros por medio del honor, o simplemente preferir el uno al otro en una situación de ministerio, todo es valioso y celebrado por Dios. La humildad y el avivamiento van de mano en mano.

Tradiciones y prácticas: A lo largo de la historia estos elementos frecuentemente han obstaculizado el mover de Dios. Las tradiciones no son necesariamente malas. De hecho, algunas de ellas ilustran de manera bella la gracia de Dios en un tiempo previo o sobre una generación previa. Hay mucho que aprender de las ricas tradiciones de la Iglesia. Disfruto de asistir a las reuniones de nuestros hermanos y hermanas tradicionales porque aprendo cómo llegamos a donde estamos. Puede ser una maravillosa celebración de la influencia soberana de Dios sobre nuestro pasado. También refuerza la gratitud por quienes pagaron el precio de traernos a donde estamos hoy.

La mayoría de nuestras familias tenemos tradiciones que valoramos y practicamos durante las temporadas de Navidad y el Día de Acción de Gracias (una celebración nacional anual en los Estados Unidos) y/o durante otros tiempos del año. Nuestra familia tiene una canción que cantamos en nuestras comidas en estos días de fiesta. Se llama, "Padre, te doy las gracias". Recuerdo escucharlo año tras año cuando yo era niño pequeño. Y ahora mis nietos están siendo expuestos a esta tradición sencilla pero poderosa.

También hay tradiciones que son esencialmente malignas. Fueron diseñadas por personas que eran resistentes al mover de Dios. En algunas ocasiones no es la tradición que es el problema; es la mentalidad que acompaña la tradición. Todos hemos escuchado decir, "Nunca lo hemos hecho de esa manera antes", que está en conflicto directo con el corazón de Dios, quien ha prometido hacer cosa nueva entre nosotros. Estos dos valores están en oposición el uno del otro. Rendirse a los propósitos de Dios es siempre la necesidad del momento, independientemente del costo.

Posiblemente digas que si es la voluntad de Dios que haya un avivamiento, nadie se puede interponer. Y en principio, estoy de acuerdo. Pero en la práctica, no completamente. Permíteme explicar. Primero, he visto a Dios derramar Su Espíritu sobre personas que no tenían hambre y que no lo estaban buscando. No hay duda de que estos encuentros fueron visitaciones soberanas por parte de Dios. Posiblemente el encuentro de Saúl con Jesús en el camino a Damasco califique como un excelente ejemplo. No nos conviene olvidar jamás que Dios puede hacer lo que Él quiera, con o sin nuestra cooperación. Pero la mayoría de las veces Él obra en línea con nuestra participación rendida. Él es el que dice que si lo buscamos, lo encontraremos. Sin embargo, hay un pasaje bastante serio acerca de lo que Dios piensa del poder detrás de algunas de nuestras tradiciones.

> *Dejando el mandamiento de Dios, ustedes se aferran a **la tradición de los hombres**. También les decía: 'Astutamente[a] ustedes violan el mandamiento de Dios para guardar su tradición. Porque Moisés dijo: "Honra a tu padre y a tu madre"; y: "El que hable mal de su padre o de su madre, que muera[b]". Pero ustedes dicen: "Si un hombre dice al padre o a la madre: 'Cualquier cosa mía con que pudieras beneficiarte es corbán (es decir, ofrenda[c] a Dios)'", ya no le dejan hacer nada en favor de su padre o de su madre; **invalidando** así **la palabra de Dios** por la tradición de ustedes, la cual han transmitido, y hacen muchas cosas semejantes a estas.''* (Marcos 7:8-13).

Ésta es una advertencia aterradora. Jesús comienza diciendo que lo que Dios ha mandado lo han dejado de cumplir, mientras que siguen fielmente la tradición de los hombres. Esta palabra "dejar de" significa "descartar o liberar". En un sentido legal significa "divorciarse". La imagen que Jesús aquí ofrece es que las personas se apartan de cualquier responsabilidad de pacto para cumplir con los mandamientos de Dios. La palabra "guardar" es primordialmente "un ejercicio de poder". Los líderes religiosos usan su autoridad para dar poder a las tradiciones inferiores del hombre por encima de la Palabra de Dios. La otra palabra que vale reconocer en este pasaje es *invalidando*. Las tradiciones pueden invalidar la Palabra de Dios, que quiere decir, "rendir nulo, despojar de su fuerza y autoridad". Una traducción dice, "dejar impotente". Suena como blasfemia decir que la tradición del hombre puede despojar a la Palabra de Dios de autoridad o poder. En realidad, nada jamás le quitará la autoridad a Su Palabra. No es que las tradiciones sean más poderosas. Creo que Jesús está hablando del efecto de las tradiciones sobre el corazón humano. A veces las tradiciones desconectan a una persona tan completamente del poder que viene de la Palabra de Dios, que la Palabra todopoderosa llega a ser impotente para ellos. Hay poco o hasta nada nada de impacto en sus vidas del poder transformador liberado en esa Palabra.

Aquí Jesús estaba hablando de la elección deliberada donde los valores y los edictos del hombre son atesorados más que la Palabra y la voluntad de Dios. Hay historias incontables de avivamiento donde alguien tenía que dejar atrás una tradición, frecuentemente buena, a fin de ver más de lo que Dios pretendía hacer. Posiblemente esa sea la imagen que se nos ha dado de Pedro y el mandamiento del Señor de comer lo que era inmundo y prohibido por la ley judía. Él tenía que dejar atrás su creencia (tradición) a fin de ser parte del poderoso derramamiento entre los gentiles. (Ver Hechos 10.) *"Mientras Pedro aún hablaba estas palabras, el Espíritu Santo cayó sobre todos los que escuchaban el mensaje"* (Hechos 10:44).

En ocasiones, esas tradiciones son verdades reales llevadas más allá de su impacto intencional o diseño original. Por ejemplo, una de las frases que escuché hace muchos años que me ha ayudado mucho era, *"El Reino de Dios es ahora, pero todavía no"*. Eso me ayudó tanto porque estaba aprendiendo a buscar primeramente Su Reino como Él mandaba, pero necesitaba ayuda para entender por qué todo no se estaba manifestando en el aquí y ahora. Pero hoy, casi cada vez que escucho esa frase es para decirme que no puedo tener lo que Dios prometió en las Escrituras. Otra manera de decirlo es que el *todavía no* se ha convertido en el escondite para la incredulidad. La incredulidad es siempre el resultado de tradiciones inadecuadas. Y existen en el lugar donde la demostración de verdad debiera ocupar.

Se tiene que colocar la dependencia malsana en tradiciones en el altar para que el avivamiento avance, porque nada, por noble que parezca, puede tomar el lugar de la dirección del Espíritu Santo sobre el corazón humano. No hay nada más grande que la presencia de Dios. Y Él elige manifestarse sobre Su pueblo. Es esa presencia manifiesta lo que distingue al pueblo de Dios de todas las demás personas de la tierra. (Ver Éxodo 33:16.)

Intenciones y motivos impuros: Es necesario tratar con estos problemas del corazón para ver los grandes moveres de Dios. A veces confesar tales cosas, a veces simplemente ponerlos delante del Señor, atrae ese fuego del Cielo. Tanto la Palabra del Señor como el Espíritu del Señor exponen las cosas impuras dentro de nosotros. Siempre me sorprende por cuánto tiempo puedo vivir con una actitud que Él no aprueba sin darme cuenta. Pero cuando Dios la señala, es necesario tratar con ello rápida y completamente.

Me hace recordar a Moisés, que no había cumplido el mandato de Dios de circuncidar a sus hijos. Ésta tiene que ser una de las historias más raras de un gran hombre de Dios quien en un punto le falló al Señor. Dios de hecho buscaba matar a Moisés por esto. No conocemos la historia detrás del escenario, pero podemos concluir que Moisés había quebrantado un mandato muy serio del Señor sobre su vida.

Reconciliación: Había bastante distancia emocional y mental entre los 12 discípulos de Jesús, cada uno pensando que era mejor que el otro, hasta el punto cuando cada uno argumentó su caso a la multitud de los

120, que incluía a11 de los 12 originales, que se reunieron en un solo acuerdo, aparentemente sin ofensa.

Metas, sueños y ambiciones personales: A veces las cosas más difíciles de poner sobre el altar son las cosas que dedujimos de los principios encontrados en las Escrituras. Es aun más difícil entregar las cosas que Dios nos ha prometido. Abraham lo hizo y entró a un nivel totalmente nuevo de relación con Dios. Moisés echó al suelo su vara, que se convirtió en una serpiente, y luego le fue requerido que lo levantara por la cola. Levantar a una serpiente por la cola es cómo te muerden. Pero cuando Dios te dice que lo hagas de esa manera, es la única manera en que no te morderán. Este proceso nos mantiene dependientes de Dios. La obediencia nos coloca en la gracia donde Dios impide que la serpiente muerda.

Asociaciones: Por extraño que pueda parecer, a fin de experimentar más, a veces tenemos que dejar atrás nuestras asociaciones con personas que están opuestas al mover de Dios.

Derechos: *"¿No sería mejor sufrir la injusticia?"* (1 Corintios 6:7) Esta ceder singular de los derechos personales, para el bien de todos, es en ocasiones la ofrenda necesitada para atraer el fuego de Dios.

Habilidades: Ceder el propósito de nuestras habilidades/dones, renunciando a lo que sabemos hacer, puede ser la parte más desafiante de la travesía. No es que necesariamente seamos egoístas en este cometido. Es que la autoconfianza puede interferir con la confianza en Dios o la fe.

Reputaciones: Proteger la dignidad personal y apariencia ante otros es a menudo lo que tenemos que colocar sobre el altar para que el avivamiento continúe. Muchos fuegos se han apagado porque las personas no estaban dispuestas a hacer algo que ofendía a las masas. No es que debamos ser descuidados o impetuosos y llamarlo obediencia o una vida de fe. Y sin embargo, la triste realidad es que muchos más están dispuestos a ofender a Dios al no obedecer Sus mandamientos que requieren riesgo y audacia, que ofender a las personas y vivir de una manera que causa controversia. Lo llamamos de muchas maneras, como ser un buen testigo, no traer vergüenza al nombre del Señor, o cuidar la reputación que Dios nos ha dado. Pero la mayor parte del tiempo creo que es el temor del hombre. Ese elemento singular ha causado a tantos a no cumplir plenamente el intento y propósito de Dios para sus vidas. O tememos a Dios o tememos al hombre. No podemos hacer las dos cosas a la misma vez. Uno se tiene que ir.

Actos de fe. La fe siempre ofende a los estacionarios. Nuestra cooperación con Él para hacer Su voluntad es frecuentemente la ofrenda más difícil de darle. Parecería que no fuera así, pero de hecho tenemos escuelas completas de pensamiento formadas alrededor de esta sola cosa. Y lo que es peor, evitar la voluntad de Dios es considerada una parte virtuosa de la teología de muchos creyentes. Es difícil imaginar que hace 2000 años nuestros líderes pudieran haber anticipado tal desviación de los mandamientos de Jesús. Y para hacerlo peor, que sería considerado madurez o virtud. La sanidad y liberación son expresiones de esta cosa llamada *salvación (sozo)*— 'salvación, sanidad y liberación—espíritu, alma y cuerpo". La salvación siempre debió tocar al hombre completo. Lutero y Calvino, quienes fueron grandes líderes de la Reforma, reaccionaron a la noción católica de que la existencia de milagros confirmaba que su teología estaba en lo correcto. Pero estos reformadores echaron al bebé junto con el agua del baño, por así decirlo. Negaron la necesidad de los milagros como una expresión normal de nuestra fe, así creando la idea de que es noble creer sin señales y maravillas. Y aunque eso tiene valor definitivo, ha creado un Evangelio impotente que es aplaudido como virtuoso. La realidad es que los milagros llevan a las personas a Jesús, lo que a su vez fortalece nuestra decisión de seguir y creer. El hecho que los nueve leprosos no regresaron para agradecer a Jesús por sanarles de la lepra no es un comentario de la legitimidad del milagro. Dios nunca es juzgado por la respuesta —o falta de ella—de las personas. Él es revelado en Su obra, que en esta historia fue la sanidad de lepra.

Nuevamente: La sanidad no es el Evangelio completo. Pero tampoco sería el Evangelio completo sin ella.

Una de las grandes áreas de ofensa en nuestro día es que a veces las personas que operan en lo sobrenatural con milagros, señales y maravillas tienen mal carácter. Es extremadamente frustrante para mí; doy el mismo énfasis en la pureza del carácter que en mi énfasis en el poder dondequiera que tenga influencia. Trágicamente, encuentro que las personas son prestas para juzgar a una persona con carácter cuestionable automáticamente como un falso profeta, o algo similar, mientras que nunca aprenden cómo mira Dios la situación. Yo jamás diría que Dios simplemente no toma en cuenta el pecado en nuestras vidas porque hacemos milagros. Y aunque de hecho en ocasiones una persona resulta siendo falso profeta, es más frecuente que nos enfrentemos con algo que realmente no entendemos o no sabemos cómo manejar. Es esto: Dios tiene diferente sistema de valores que nosotros. Cuando Él desata el milagro de sanidad, digamos, a través de la vida de alguien de carácter débil, no está validando al individuo. ¡Está validando Su Palabra! Él ha escogido permitir que Su Palabra obre en la vida de un creyente o no-creyente. Puede ser sabiduría para nosotros enterarnos de por qué Dios haría eso, como hay un valor en Su Palabra revelada en esta circunstancia que ni siquiera muchos que dicen estar *centrados en la Palabra* comprenden.

Nuestra experiencia en el altar es para que muramos. Pero la cruz condujo a la resurrección. En otras palabras, vivir en el altar de Dios tiene que ser visto en la resurrección de Jesús en y a través de nuestras vidas. Los milagros testifican de la resurrección. Ponernos en el altar de Dios es básicamente decir que estoy dispuesto y deseo hacer la voluntad de Dios. Requiere riesgo, y yo estoy dispuesto a vivir con eso. Lo encuentro extraño qué tan fácil es para las personas no perseguir los milagros (la voluntad de Dios) porque no quieren arruinar la reputación de Dios. Sin el poder de la resurrección en y a través de nuestras vidas, no hay reputación que arruinar. Nuestro propio temor de vernos mal delante de otros a menudo se esconde detrás de la noción, "Posiblemente causaré una mala reputación al Evangelio".

En esencia, la manera en que mantenemos el fuego ardiendo es colocarnos sobre el altar de la forma que parezca apropiada en ese momento. Desde la confesión de pecado, hasta estar dispuesto a vernos mal (arriesgarnos) para que el mover de Dios gane tracción en los corazones y las mentes de las personas.

EL CIELO ES EL MODELO

Básicamente se reduce a esto: El avivamiento continúa, no por prestar atención al avivamiento, sino por dar nuestra completa atención y afecto a Dios Mismo. La obediencia correspondiente está centrada en Cristo. La respuesta no es *¿Qué puedo recibir de Dios?*, sino qué más le puedo dar a Él.

El Cielo está centrado en la presencia en todos los sentidos. Todo lo que existe en esa realidad está directamente conectada a la presencia de Dios. En un sentido muy real, Él es la realidad del Cielo, ya que no hay nada que esté aparte de Él. El Reino de Dios es la expresión del Cielo en el aquí y ahora, que es la realidad de Su gobierno sobre las vidas de las personas y los asuntos humanos. Esto nos lleva a la naturaleza y esencia de avivamiento. Es la presencia manifiesta de Dios teniendo un efecto en todo lo que somos y hacemos. Su presencia ardiente descansa sobre todo los que viven delante de Dios con esta clase de *sí*.

Capítulo Nueve

EL OBSTÁCULO
DE LA MADUREZ

*Un verdadero avivamiento no significa nada menos que
una revolución, echar fuera el espíritu de mundanalidad
y egoísmo y hacer que Dios y Su amor triunfen
en el corazón y la vida.*
ANDREW MURRAY

LO que ya sabes puede mantenerte apartado de lo que necesitas saber si no sigues siendo un novato. Aprender es vital. Pero igualmente importante es la flexibilidad continua para aprender más como lo haría un niño.

El camino de un creyente es uno de conflicto continuo. Y a menudo ese conflicto está dentro de nuestras propias mentes al abordar las enseñanzas de las Escrituras que parecen contradecirse. No es el caso, pero ciertamente puede parecer como tal al observador casual. Por ejemplo, sabemos que en el Reino de Dios, dar nos lleva a recibir. También sabemos que bajarse en humildad es cómo uno llega a ser exaltado o promovido. Pero posiblemente, aunque luchemos con la aplicación de estas verdades, sabemos lo suficiente como para empezar. Pero permíteme presentar lo que puede ser el más difícil de los conflictos del Reino: Tenemos que crecer en madurez por medio de llegar a ser como niños.

La mayoría de las veces la madurez en la iglesia es cualquier cosa menos asemejarse a un niño. Por lo general se ve como la vida austera de un santo experimentado, quien por su mayor parte ha superado las tentaciones básicas de la vida y es un gran ejemplo de Cristo en su carácter. *¿Y qué puede haber de mal en eso?* posiblemente preguntes. Nada, realmente. Ilustrar el carácter es de suma importancia. Y sin embargo, la habilidad de entrar a la realidad del dominio de Dios sobre la tierra, en el aquí y ahora, se determina en parte por mi disposición a llegar a ser como niño.

> *Cuando Jesús vio esto, se indignó y les dijo: «Dejen que los niños vengan a Mí; no se lo impidan, porque de los que son como estos*[a] *es el reino de Dios. En verdad les digo,* **que el que no reciba el reino de Dios como un niño, no entrará en él**». (Marcos 10:14-15)

Cuando Jesús hablaba del Reino, a menudo estaba relacionado con un milagro que estaba a punto de suceder o que ya había sucedido. Eso es porque el Reino de Dios consiste en poder, no palabras. (Ver 1 Corintios 4:20). Muchas personas creen que es virtuoso elegir el carácter por encima del poder. Jesús nunca nos dio la libertad de elegir entre los dos. Esa es una opción hecha por los hombres.

Por el otro lado, he quedado entristecido y frustrado por los muchos que han elegido el poder por encima del carácter. Nunca está bien aprobar a las personas cuyas vidas son un desastre, y sin embargo, persiguen los milagros de Dios, los cuales frecuentemente usan para justificar su estilo de vida inmoral. Esa es una mentira absoluta del enemigo mismo. Es trágico que cualquier creyente pueda caer en un engaño tan devastador.

Y sin embargo, ¿de manera alguna es más ético perseguir el carácter sin el poder? Míralo de esta manera: ¿Qué es más valioso—no entristecer al Espíritu Santo o no apagar al Espíritu Santo? Por supuesto, consideramos que ambos son de igual valor. Lo entristecemos por nuestra impureza en pensamiento, intenciones y acciones. El mandato de no entristecerlo está enfocado en el carácter. Pero apagar al Espíritu Santo tiene más que ver con parar el fluir de algo. Está centrado en el poder. El carácter y el poder son las dos extremidades sobre las cuales nos paramos. Tener una pierna más larga que la otra tendrá un impacto serio en la salud total del cuerpo.

Elegir el carácter por encima del poder es indudablemente más popular y socialmente aceptable. ¿Pero desde cuándo se hizo posible desarrollar la profundidad del carácter que Jesús ha intencionado para nosotros aparte de obedecerle? ¿Y no es un mandamiento del Señor sanar, liberar y limpiar? (Ver Mateo 10:8.) ¿Alguna vez sugirió que Su comisión a un estilo de vida de milagros era opcional? ¿Es posible que la parte de nuestro carácter que rara vez se desarrolla en aquellos que persiguen el carácter separado del poder es la semejanza de niño? Me gustaría sugerir que el desafío de perseguir el carácter por encima del poder ha dado muerte a la semejanza de niño en la naturaleza de la Iglesia. Ser como niño ya no es considerado madurez. Y en tal atmósfera, la madurez se ha convertido en un impedimento para el avance en el Reino, que es ultimadamente un obstáculo al avivamiento. La madurez, como comúnmente se representa, es un obstáculo al avivamiento.

En un estilo de vida lleno de poder y milagros, se tiene que desarrollar y abrazar la semejanza de niño. En el mover del Espíritu Santo, rara vez sabemos lo que estamos haciendo. Seguimos Su dirección en "la danza". La dependencia es el tema continuo para el niño. Sus padres o los que lo cuidan le suplen alimento, vestimenta, techo, aliento, instrucción, inspiración, oportunidades y tanto más. Se mantienen, al menos dentro de un ambiente de hogar sano, a través del sustento de otros. Bienvenido a ser como niño. La madurez a menudo lucha en contra de estos valores, en el nombre de establecerse en la fe.

En la historia de Marcos 10 mencionada arriba, los discípulos tenían un sistema de valores en que los adultos eran más importantes que los niños. Es una idea de lo más común aun el día de hoy. Considera esto, Jesús enseñó que solo podemos entrar a lo que hemos recibido. Y tenemos que recibir Sus realidades por medio de un corazón de niño. Hay otra percepción muy similar que nos es dada en la enseñanza de Jesús en el Sermón del Monte.

Bienaventurados los pobres en espíritu, pues de ellos es el reino de los cielos. (Mateo 5:3).

La manera de recibir el Reino es llegar a ser como niño, y la manera de poseer o avanzar en el Reino es a través de ser pobre en espíritu. Recuerda, el Reino, como Jesús lo enseña e ilustra, es más frecuentemente la realidad de aquí y ahora de Su dominio. Posiblemente podríamos decir que la semejanza de niño y ser pobre en el espíritu son dos caras de la misma moneda. Son muy similares en naturaleza y propósito.

Ser pobre en espíritu no es pensar menos de nosotros mismos o estar deprimidos de manera alguna. Ser como un niño no es ser insensato o descuidado. Ambas virtudes (ser pobre en espíritu y la semejanza de niño) son vistos como ser flexibles, enseñables, aventureros, sencillos en nuestro acercamiento a la vida y ser capaces de reírnos mucho. Con esa manera de pensar, aun las experiencias más pequeñas en la vida valen ser celebradas. No es solo el cáncer sanado, o la promoción en el trabajo, o el título universitario para el cual te esforzarte tanto para recibir. Es también la llamada telefónica inesperada de un amigo. Es esa comida excepcionalmente buena o el deleite de observar a los niños o nietos jugar y disfrutar de la vida. Me encanta observar a los padres disfrutar a sus hijos, sea en un parque o en un terminal de aeropuerto. Es puro gozo y deleite. Es vida.

Las cualidades de ser pobre en espíritu y parecerse a un niño son alimentados por el gozo. Y ambos son reconocidos por ser libres de cuidado. Ser libre de cuidado no es lo mismo que ser descuidado.

RESPONSABILIDAD O CONTROL

Algunos historiadores dicen que el fin de los avivamientos fue debido control exhibido por los líderes. No creo que un líder genuino en un avivamiento se sentaría un día y decidiría tomar el control de lo que Dios está haciendo. Sería algo tonto. Pero en un esfuerzo de ser líderes responsables, a menudo fallamos en esta área.

El conocimiento promueve el control. Volvamos a nuestra declaración inicial: Lo que ya sabes puede mantenerte apartado de lo que necesitas saber si no sigues siendo un novato. Aprender no es el problema. Más bien, el problema es que al aprender, tendemos a sobrestimar cuánto sabemos de lo que se puede saber. Aun en eso, el aprendizaje no es el problema. El orgullo y la independencia creada cuando ya nos sentimos seguros de nosotros mismos son las causas de que tropecemos.

MARISCALES DE CAMPO DE SOFÁ

Todos tenemos opiniones acerca de casi todo en la vida. Las opiniones son fáciles de formar. Solo un poco de información, con el conjunto correcto de circunstancias, y nace una opinión. No son necesariamente malas o malévolas. Simplemente es difícil adquirir sabiduría de una opinión porque no tiene consecuencias. Las decisiones, por el otro lado, son lugares maravillosos para aprender sabiduría, si alguien así lo desea.

Si tengo la opinión de que tocar una estufa caliente no me va a doler, pero nunca lo toco, puedo vivir toda una vida, convencido de que tengo la razón. Pero tocar la estufa me permite aprender pronto.

Me encantan los deportes y he disfrutado ver a mi equipo favorito jugar en la televisión. Para mí, el fútbol americano es perfecto para el medio de la televisión. Una jugada por lo general toma unos cuantos segundos, y luego hay un descanso. Los anunciadores pueden usar ese tiempo para informar a los espectadores de la jugada, qué está en juego o aun algún dato biográfico de un jugador en particular. Es muy fácil quedarme enfocado. Pero yo, como casi cualquier otro fan, tengo mis opiniones en cuanto a qué jugador es el que debe jugar más, qué clase de jugadas deben jugar y así sucesivamente. Cuando corren con la pelota y pierden yardas, me escucho a mí decir, "¿Por qué no pasaron? ¿No puede el entrenador ver que la defensa ya está lista para detener esa jugada? ¡Tenían un receptor en lo abierto!" Y cuando pasan, y no funciona, me pregunto por qué no corrieron con la pelota. El punto es, es fácil para mí tener una opinión en cuanto al juego cuando no me cuesta nada. Pero los jugadores, los entrenadores, los dueños, todos pagan por sus decisiones. Si se llama una jugada equivocada, es sabiduría aprender de ella. Pero un mariscal de campo de sofá siempre tiene la razón y vive con el engaño sutil de que sabe de qué está hablando. Si llamar o jugar un partido en cualquier deporte fuera tan fácil, no habría un nivel profesional, como todos serían capaces de hacerlo. Vemos porque nos gusta ver la excelencia que se ha formado a través de la devoción/disciplina y capacidad/atletismo.

Una de las áreas donde hay mayor cantidad de mariscales de campo de sofá es en la iglesia. Cuando las personas no tienen que pagar por sus opiniones, es fácil tener una. Como líderes, a menudo recibimos cartas, correos electrónicos, y consejos de personas que nunca han hecho nada de significancia en sus vidas.

El descuido en esta área no solo se centra alrededor de la vida de la iglesia. Recuerdo hace varios años que uno de los miembros del equipo pastoral tuvo cáncer de la próstata. Recibió muchos consejos acerca de los tratamientos que debería de tener, y/o qué medidas debía tomar para cuidar su salud. Una de las cosas más hirientes que le dijeron fue que él mismo se había provocado el cáncer porque su dieta estaba mal. Lo asombroso es que la persona que se lo dijo nunca había comido con él y no conocía nada acerca de su dieta. Mas tenían confianza en su perspectiva, porque sin duda habían leído algún artículo en alguna parte que les ayudó a formar una opinión. Para ellos, la edad de la información les informó al grado de que llegaron a mayor ignorancia. Aprender sin experiencia es teoría. Solo los sabios conocen la diferencia entre la madurez que viene de la experiencia y la madurez que viene de la teoría. Los críticos del avivamiento ilustran esta verdad mejor que la mayoría.

LOS CRÍTICOS DEL AVIVAMIENTO

Los críticos de restaurante de la vida de la iglesia rara vez han preparado una comida, por así decir. Rápidamente desacreditan algo por el cual ellos no pagaron el precio para obtener. Es como criticar una pintura de un niño. La declaración más fácil del mundo para el crítico de arte es declarar, "¡Definitivamente no lo hizo Rembrandt!" ¿Pero es de suponerse que solo si lo hace Rembrandt tendrá valor? Mucho de lo que es criticado o opuesto es como tal pintura. No es lo que pudiera ser, pero tampoco ha terminado el pintor con su desarrollo.

Recuerdo cuando fui a Argentina con Randy Clark en 1997, creo. Yo quería ir simplemente porque Randy me había invitado, y sería un excelente tiempo para aprender. Y sí aprendí. Pero también quería ir porque había escuchado de lo que Dios estaba haciendo allí, y quería participar y aprender de su ejemplo en el avivamiento. Fue un tiempo extraordinario para mí, por más razones de las que puedo mencionar.

Aunque nunca mencioné esto a nadie, yo quería ver si lo que nosotros estábamos experimentando era similar a lo que ellos habían estado experimentando por años. Ésta es mi conclusión: El mover de Dios para estos líderes era como una manzana roja madura. Era dulce para probar y muy disfrutable. Y aunque ellos nunca hubieran dicho que habían "llegado", estaban más avanzados en el camino que nosotros. Pero lo que también aprendí era que lo que nosotros estábamos experimentando era como una manzana joven, que apenas comenzaba a crecer en el árbol. Aunque todavía no estaba completamente formada ni completamente madura, seguía siendo 100 porciento manzana. Era 100 por ciento avivamiento.

Recuerdo un par de años después de ese viaje que yo era orador en un congreso con uno de los líderes principales de su avivamiento. Pasamos algo de tiempo privado juntos durante una comida, que fue el máximo privilegio para mí. Platicamos por un tiempo bastante largo por medio de su intérprete. Cuando le dije lo que nosotros estábamos experimentando, él dijo, "¡Esto es avivamiento! No todos están de acuerdo conmigo, ¡pero esto es avivamiento!" Él acababa de confirmar que nuestra manzana era en verdad una manzana, aunque seguía desarrollándose. Cuánto estímulo fue esto para mí, por parte de un verdadero padre de avivamiento. Y que esa manzana siga creciendo y llegue a ser todo lo que Dios ha intencionado.

CRECEMOS HACIA ARRIBA O HACIA ABAJO?

En el reino, la madurez se mide en parte por llegar a ser como niño. Esto no es para promover o aprobar el comportamiento infantil. Pero es para aclarar lo que la verdadera madurez es a los ojos de Dios. Es sencillo.

Posiblemente has oído a alguien decir, "Entre más aprendo, más sé que no sé". Mi cuñado ya fallecido, Jim Grubbs, solía decirme eso. Él era un profesor universitario altamente preparado, y le encantaba aprender. Él leyó dos o tres libros por semana, por los 40 y más años que lo conocí. Recuerdo muy al principio escucharle decirme que con todo lo que había aprendido, de lo que estaba más consciente era lo que no sabía. Esa clase de aprendizaje es madurez, en un sentido bíblico. Es sabiduría. Debemos madurar y buscar la sabiduría, entendimiento y conocimiento. Estas cosas son vitales para nuestras vidas. Pero con el verdadero aprendizaje viene la humildad. Me hace recordar al Rey David y su acercamiento a la vida en este respecto:

> *Y a mí, pobre y necesitado,*
> *quiera el Señor tomarme en cuenta.*
> *Tú eres mi socorro y mi libertador;*
> *¡no te tardes, Dios mío!*
> (Salmo 40:17).

Hay buenas razones para creer que David era el hombre más rico sobre la tierra durante el tiempo de su reinado. Vemos que se gastó muchísimo dinero en el templo del Señor durante el reinado de Salomón, pero con frecuencia nos olvidamos de que David fue quien había pagado por esos materiales y los había apartado. Pero su enfoque a la vida era, "soy pobre y necesitado". No creo que hizo esa declaración solo para verse bien. Llegó al canon de las Escrituras. Tampoco creo que representaba su lucha con autoestima. Fue honesto. Cuando nos vemos a nosotros tal como somos, nunca nos tendremos demasiado en alto. Estar lleno de autocrítica no es la respuesta tampoco. Su pobreza quedaba descubierta al acercarse a Dios, como Él es nuestro todo-en-todo.

Fácilmente podría parecer que resisto tener precaución o buscar consejo. Pero no es así. Pero no estoy interesado en recibir consejo de alguien que simplemente tiene una opinión. Y aunque soy responsable de reconocer la palabra del Señor, a veces por parte de alguien que yo no hubiera buscado intencionalmente para recibir consejo, soy más propenso a escuchar a una persona con experiencia.

LOS AVIVAMIENTOS Y LOS IGNORANTES

Glorificar la ignorancia, o la falta de perspicacia, es una meta inapropiada. Indudablemente no es una que yo quiera lograr. En un sentido, este capítulo está mal titulado por el hecho de que la inmadurez nunca es un obstáculo. Mi problema es que muchas veces lo que llamamos "madurez" es nuestro mayor obstáculo.

Mi énfasis no es para evitar que persigamos el conocimiento de Dios, ya que es un mandato bíblico que lo busquemos. Una de las fuertes promesas de las Escrituras declara lo siguiente en cuanto a los efectos de los dones de Cristo sobre la Iglesia; nos traerán a la *unidad de la fe y el conocimiento del Hijo de Dios.* (Ver Efesios 4:12) ¡Perseguir la sabiduría es un mandato!

Históricamente, Dios se mueve más a menudo sobre los que no saben lo que están haciendo. No es que Dios prefiera al ignorante. Es que los ignorantes son más flexibles y más propensos a confiar en Él más allá de su entendimiento. Él puede hacer más a través de personas que se dan cuenta de lo que no saben. Los ignorantes, en lo que respecta a los moveres de Dios, son las mejores herramientas, porque traen menos prejuicios al mover.

Nuestro desafío es seguir siendo como niños en medio de un gran derramamiento que promete llevarnos a mayores lugares de influencia en la cultura. No es que no aprendamos, ni que aumentemos nuestras percepciones y convicciones. Eso es automático y necesario. Pero por la misma razón de que Dios a menudo usa al ignorante para Sus más grandes moveres, así nos mira a nosotros, esperando que sigamos dependientes, independientemente de cuánto hayamos aprendido. Nunca maduramos más allá de la confianza y dependencia de Dios. Y aquellos que sí lo hacen, se descalifican de mucho de lo que Dios quería hacer en sus vidas. Entre más fuertes las cualidades de confianza y dependencia de Dios estén en la vida de una persona, más maduros son desde la perspectiva del Cielo. En consecuencia, cuanto más es Él capaz de hacer a través de ellos.

Una de las respuestas más interesantes al avivamiento vino de muchos de los líderes de la Iglesia de Inglaterra quienes visitaron a Gales para ver qué estaba haciendo Dios. Dieron reportes brillantes, reconociendo que era verdaderamente de Dios. Pero algunos de ellos conscientemente abandonaron el avivamiento porque sabían que ellos lo impactarían de una manera poco saludable. Reconocieron que en este caso, el avivamiento necesitaba ser dirigido por los jóvenes, quienes tenían que confiar. Es una conclusión asombrosa. No tenían temor de influir hacia el mal, como estaban viviendo vidas verdaderamente santas y solo querían que el pueblo de Dios viviera totalmente rendido a Jesús. Simplemente se daban cuenta del principio que estoy tratando de presentar aquí: Lo que sabes puede mantenerte apartado de lo que necesitas saber si no sigues siendo como niño.

LA ADVERTENCIA DE JESÚS

Jesús nos dio una advertencia en cuanto al trigo y la cizaña que parecer ser aplicable en el contexto del avivamiento tanto como en cualquier otra área que se me ocurra dentro de la vida cristiana.

> *"Señor, ¿no sembró usted buena semilla en su campo? ¿Cómo*[a]*, pues, tiene cizaña?". Él les dijo: "Un enemigo ha hecho esto". Y los siervos le dijeron: "¿Quiere, usted, que vayamos y la recojamos?". Pero él dijo: "No, no sea que al recoger la cizaña, arranquen el trigo junto con ella. Dejen que ambos crezcan juntos hasta la cosecha; y al tiempo de la cosecha diré a los segadores: 'Recojan primero la cizaña y átenla en manojos para quemarla, pero el trigo recójanlo en mi granero'"* (Mateo 13:27-30).

Todo lo que Dios hace en nosotros es bueno. Obviamente. Siempre lleva Su semejanza y bendición. Pero el enemigo obra, también, especialmente durante tiempos de avivamiento. Yo no quiero ni por un momento glorificar al diablo, pero tampoco quiero que ignoremos sus artimañas. Él es un ángel de luz, que busca engañar. Así que él plantó cizaña en esta historia. La cizaña tiene la misma apariencia que el trigo hasta que el trigo madura. El peso del grano de trigo causa que se incline al madurar. Eso ilustra de una manera maravillosa la apariencia de la verdadera madurez: Nos inclinamos ante Él con mayor humildad y confianza.

Entiendo que los judíos han llamado a la cizaña "trigo ilegítimo". Si recuerdas la aclaración de las Escrituras en cuanto a ser hijos e hijas legítimas de Dios, recordarás que ser disciplinados por Dios es la evidencia.

Si soportáis la disciplina, Dios os trata como a hijos; porque ¿qué hijo es aquel a quien el padre no disciplina? Pero si se os deja sin disciplina, de la cual todos han sido participantes, entonces sois bastardos, y no hijos. (Hebreos 12:7-8 RVR60).

La corrección realizada debidamente y recibida correctamente, forma humildad y confianza. Recuerdo que mis propios hijos, cuando yo tenía que traer disciplina a sus vidas, querían sentarse en mi regazo esa noche. Ellos por naturaleza se acercaban, porque sabían que mi corrección no era rechazo o castigo para mi propia conveniencia. Era para el bien de ellos. Así que, la corrección del Señor causa que lo apreciemos más como el Padre amoroso que siempre busca lo mejor para nosotros.

Pero regresemos a la historia del trigo y la cizaña: La advertencia es que en nuestro celo por solo tener trigo (solo las obras de Dios entre nosotros), sin intención destruiremos lo que Dios está haciendo. No dio más instrucción en cuanto a cómo reconocer la diferencia. Dijo, "No lo toquen".

No estoy diciendo que no debemos dar supervisión al mover de Dios. Simplemente estoy diciendo que en nuestro celo, destruiremos lo que Dios está haciendo, porque lo que Él está haciendo no siempre es reconocible a través de nuestros lentes de experiencia y percepción. Una vez más, regresamos a un lugar de humildad y confianza—una verdadera señal de madurez.

Capítulo Diez

TRADUCIENDO EL AVIVAMIENTO

La consciencia cristiana se extendió por la sociedad
después de este Gran Avivamiento, así como la levadura
lo hace con la masa. La educación volvió a tener enfoque
bíblico. Se quitaron las enseñanzas acerca de la brujería
de los libros de textos. Los creyentes, así como en años
anteriores, empezaron a cuidar a los acianos en sus
hogares, y una intensa compasión fue creada para los
pobres. Una prosperidad nacional genuina siguió. La
llamaron la Revolución Industrial. [18]

MARY STEWART RELFE, PH.D.

E N su maravilloso libro, *Cure of All Ills* ("La Cura de todos los males") de donde se tomó la cita arriba, Mary Stewart Relfe, Ph.D., habló cómo era el avivamiento bajo el liderazgo de Jonathan Edwards. Ella dijo que Edwards concluyó:

---

18. Mary Stewart Relfe, Ph.D., *Cure of All Ills* (Montgomery, AL: The League of Prayer, 1988), 23.

... un avivamiento en toda regla implicará un equilibrio entre la preocupación personal por las personas y las preocupaciones sociales. Evaluó que las reuniones religiosas, la oración, el canto y las charlas religiosas no promoverán ni sostendrán el Avivamiento en ausencia de obras de amor y misericordia, que "traerán al Dios de amor del cielo a la tierra".[19]

El avivamiento es el Cielo que ha venido a la tierra de la manera más hermosa y práctica. Me encanta tanto la perspectiva de Edwards. La longevidad en u gran mover de Dios ocurre cuando tomamos lo que hemos experimentado en reuniones corporativas y las traducimos a expresiones prácticas que traen mejoras a nuestras comunidades. Traducir el avivamiento en los resultados que Dios quiere satisface el clamor de nuestros corazones de conocer a Dios por medio del encuentro personal mientras se desborda en el privilegio de darlo a conocer, porque Él es el Padre perfecto que anhela que los corazones de las personas se abran a Su amor transformacional. Éste es el impulso dentro del corazón de todo creyente verdadero: que las masas sean tocadas por el amor y poder de Dios y que entren a Su Reino a través de la salvación.

He estado en reuniones donde la presencia de Dios era simplemente sobrecogedor. Las personas estaban sobrecogidas por Dios. A veces su encuentro continúa por horas y horas, y a veces por días. A veces la cosa más fácil que hacer cuando vemos a algo ocurrir que no está dentro de nuestra experiencia, o aun en la historia de la tribu espiritual de donde procedemos, es rechazar o juzgarlo como error. Me parece una clase muy repugnante de arrogancia que yo juzgue la experiencia de otra persona en base a mi propia experiencia, o aun peor, por mi falta de experiencia. El

---

19. Jonathan Edwards *Un tratado sobre afectos religiosos* como se cita en Stewart Relfe, Ph.D, Cura de Todos los males.

último es el error más común, sin duda. La actitud de muchos es que *Dios nunca haría eso a otra persona, a menos que primero lo haya hecho para mí.* Aunque la mayoría de nosotros nunca lo diríamos de esa manera, es el acercamiento con el cual me he topado más.

FRUTO DE AVIVAMIENTO

Los instrumentos de avivamiento de antaño sabían lo suficiente como para no juzgar una manifestación inmediatamente. Cuando alguien sale de un encuentro profundo, y ama a Jesús más, o tienen mayor hambre por leer la Palabra de Dios, y/o está más enamorado de su cónyuge, es Dios. (El diablo no es conocido por esa clase de fruto. Él ha venido para matar, hurtar y destruir. Así que dondequiera vemos muerte, pérdida y destrucción, sabemos que el diablo ha estado allí.) En tales encuentros, la persona más sencilla, sin dones extraordinarios, se convierte en un transformador del mundo. Mi libro, *Defining Moments* ("Momentos que Definieron") trata sobre este fenómeno. Las personas se convierten en transformadores del mundo a quienes Dios envía al entorno más peligroso o desafiante, armado solo con el amor de Jesús, y hay un impacto dramático. Si tan solo más personas supieran que Él está disponible si lo buscan de todo corazón, cambiaría todo. Y sí quiero decir todo: en nosotros, para nosotros, por medio de nosotros.

Recuerdo una experiencia interesante que tuvimos con un niño de unos ocho años de edad. Fue tocado poderosamente por Dios. Su mamá me llamó más tarde esa noche para expresar su preocupación. Su hijo había perdido su habilidad para hablar. Por supuesto, yo comprendía su ansiedad y le escuché describírmelo en ese momento. Pero ella luego dijo que cada vez que ella mencionaba el nombre de Jesús, él se ponía a llorar. Dios había marcado a este chico tan joven para Él en ese encuentro. Su habla regresó al siguiente día. Pero esa familia nunca olvidará la manera tan singular de Dios de llamar a su hijo para Él.

Resistir la idea de ser sobrecogido por Dios es más un problema de confianza, el cual expone nuestra necesidad de estar en control, que uno de temor de ser engañado. Él advirtió acerca de esta cuestión:

> *Y yo os digo: Pedid, y se os dará; buscad, y hallaréis; llamad, y se os abrirá. Porque todo aquel que pide, recibe; y el que busca, halla; y al que llama, se le abrirá. ¿Qué padre de vosotros, si su hijo le pide pan, le dará una piedra? ¿o si pescado, en lugar de pescado, le dará una serpiente? ¿O si le pide un huevo, le dará un escorpión? Pues si vosotros, siendo malos, sabéis dar buenas dádivas a vuestros hijos, ¿cuánto más vuestro Padre celestial dará el Espíritu Santo a los que se lo pidan?* (Lucas 11:9-13).

¿A quién estamos buscando? ¿Qué es lo que estamos buscando? ¿No es *más de Él, cueste lo que cueste*? En este punto, muchos temen el engaño más de lo que les preocupa la falta (sin la bendición que Dios les ha reservado). Si lo estamos buscando, pidiendo por Él, no necesitamos temer quedar engañados. De hecho, muchos abrazan el engaño al temerlo. Realmente es un problema de desconfianza.

Estar en control es lo que nos metió en la mayoría de nuestros problemas. Pensarías que aprenderíamos. Y en este punto alguien pronto señalará que el autocontrol es fruto del Espíritu, que es absolutamente correcto. Pero piensa en ello. ¿Qué es un fruto del Espíritu Santo? Es donde el Espíritu Santo tiene el control en nuestras vidas, para producir fruto digno de la naturaleza de Jesús. Tengo autocontrol cuando estoy bajo el control del Espíritu Santo. Y cuando Él está presente en poder, cosas suceden que están fuera de mi entendimiento. Traducir el avivamiento significa que tengo que tener algo que traducir—aun si sobrepasa mi comprensión.

MANTENER EL ENFOQUE

Los fuegos de avivamiento tienen que seguir ardiendo, nuestros encuentros con Jesús tienen que continuar y aumentar, y nuestro impacto tiene que crecer. Pero aprender cómo traducir el avivamiento de lo que sucede en una reunión a nuestra influencia fuera de dicho salón es absolutamente crítico para sostener el derramamiento. Jonathan Edwards entendía esto y ayudó a iniciar lo que los historiadores llaman El Gran Despertar. Un avivamiento, administrado bien, siempre incrementará e impactará al mundo. Creo que estamos en las etapas iniciales del Tercer Gran Despertar.

Cuando hacemos que el avivamiento se trate de nosotros—nuestras experiencias, la expansión de nuestros ministerios personales, el crecimiento de la iglesia, aumentar nuestra posición en cuanto a nuestra influencia en la sociedad, y muchos otros frutos de avivamiento, perdemos la capacidad de sostener el mover de Dios. Buscar primero al Rey y a Su Reino es el contexto en el que se añade todos lo demás. Pero cuando persigo lo que Él tiene la intención de añadir, mi madurez se estanca, y por lo tanto, limito la medida del Reino que puedo manejar como un buen mayordomo.

Por ejemplo, Beni y yo tenemos una hortaliza de unos 30 árboles frutales. No cultivamos manzanas tratando de hacer crecer manzanas. Cultivamos manzanas por medio de tender la salud del manzano. El árbol proporciona la fruta si cuidamos al árbol. Los ministerios crecientes, grandes números de conversiones, y mayor influencia en la sociedad son las manazas. Todo es fruto de otra cosa. Mientras nos aseguremos de que el árbol (el rostro de Dios) sea la prioridad, llevar fruto sobrenatural que lo glorifica a Él es normal y natural.

MANIFESTACIONES DE AVIVAMIENTO

Ya para ahora debes saber que ya no tengo temor de manifestaciones externas que a menudo suceden cuando el Espíritu Santo viene sobre alguien en poder. He visto el resultado en las vidas de las personas. Es asombroso ver los cambios que Dios puede hacer en unos momentos que nosotros como pastores hemos tratado de hacer con esos mismos individuos por años. Eso es absolutamente cierto.

En vez de estar sorprendido cuando cosas extremas suceden cuando el Espíritu Santo viene sobre ellos, debemos estar sorprendidos cuando no ocurren. Cuando alguien tan poderoso como el Dios Todopoderoso te toca, la sorpresa debe ser que sigues con vida. Y aunque eso parecerá como una declaración extrema y exagerada para muchos, es realmente la verdad. Somos seres humanos frágiles en las manos de un Padre poderoso pero compasivo.

Las manifestaciones físicas nunca son la meta en el mismo sentido que mojarnos no debe ser la meta del bautismo en agua. Hay una profunda transformación en la vida en el bautismo en agua: enterrado con Cristo en Su muerte, y levantado con Cristo en Su resurrección. Es real. Las manifestaciones externas en el avivamiento tienen que representar algo mucho más profundo que *temblar* y *gemir*. Cuando es genuino, Dios siempre está obrando más allá de lo obvio. En la Puerta Hermosa, el hombre cojo caminó, saltó y alabó a Dios. Él fue sanado físicamente. Pero también fue sanado emocional y espiritualmente. Dios obra profundamente.

Para lo que valga, estas manifestaciones se han visto en casi cada avivamiento registrado en la historia y de toda denominación conocida. Y aunque ha habido esfuerzos por parte de historiadores de diversas denominaciones de quitar las manifestaciones del registro, debido a la vergüenza que causan, siguen estando en los manuscritos originales.

Dios añade un precio a cada avivamiento, uno que nos costará en cuanto a asociaciones, amistades y posiciones ante el mundo. La mayoría de las veces el costo tiene algo que ver con nuestra dignidad personal—la preocupación de lo que las personas piensan de nosotros. Creo que ésta es una expresión del temor del hombre. El avivamiento nos provee un serio recordatorio de que puedo vivir en temor de Dios o temor del hombre, pero no ambos. Es el avivamiento lo que obliga a tal decisión.

Nuestra querida amiga, Heidi Baker, de Ministerios Iris Internacional, tuvo uno de los encuentros más extremos que he conocido. Solo digamos que duró por días. Pero sin ello, ella ha dicho que nunca hubiera tenido el valor para soportar ser perseguida, golpeada y encarcelada. Y luego agrega el corazón quebrantado por la oposición de otros creyentes. Ella nunca puede dudar lo que Dios hizo. Pero una vida de comodidad no necesita esa clase de valor. Y los que se oponen por lo general no ven la necesidad de extremos porque la meta es la vida sin conflicto. Posiblemente sea tiempo de que nos arriesguemos lo suficiente para aumentar nuestra necesidad del Dios que invada las vidas de las personas con más de Sí mismo.

¿CÓMO TRADUCIMOS ESO?

Me encanta, y quiero decir que absolutamente me encanta, ver el poder de Dios tocar las vidas de las personas. No puedo imaginarme sentirme diferente al respecto, ya que Su gloriosa presencia se vuelve tan pronunciada que llegamos a ser discipulados en la gloria. Verdaderamente va más allá de la descripción. Y he visto unas cuantas ocasiones cuando tal gloria/poder se ve en un lugar público. Tenemos historias maravillosas de servicios de milagros ocurriendo espontáneamente en un supermercado y encuentros propios de avivamientos desatándose en un parque de diversiones. No me opongo a eso y le he dicho a nuestra gente que me llame cuando el Espíritu de Dios caiga en Costco. Mi preocupación no es que algo que Dios haga en público nos cause vergüenza. Mi interés es por el hecho de que tal encuentro de poder, en nuestras propias vidas, ha sido con el propósito de producir algo para la gloria de Dios. Y lo que testifica de Su grandeza en un lugar público no me causa temblar. Es el hecho de que el temor del Hombre ha sido sacudido fuera de mi vida, y ahora me puedo parar donde antes me agachaba en temor delante de aquellos con quienes trabajo.

Una de las más grandes amenazas al mover de Dios ocurre cuando definimos el mover de Dios en términos demasiado restringidos y limitantes. Perdón por simplificar de más, pero, por ejemplo, para muchas personas, avivamiento es gemir, o reírse, o caer o temblar mucho. Y cuando eso representa nuestra definición de un mover de Dios, nuestra meta es que veamos a personas caer bajo el poder de Dios en la oficina de Bienes Raíces o el supermercado, o donde sea. Tenemos que recordar que nuestro mensaje no es avivamiento. Tampoco lo es manifestaciones o experiencias o dones espirituales. Es Jesús. Y Él puede ser conocido, podemos tener encuentros con Él, y podemos confiarle plenamente nuestras vidas. Ese es nuestro mensaje.

Traducir el avivamiento tiene que realizar este mensaje de Jesús, el Salvador quien puede ser conocido, con quien podemos tener encuentros personales, y a quien le podemos confiar plenamente nuestras vidas. Y esto necesita verse donde más importa: nuestra vida promedio y cotidiana. Aunque que me encanta la idea de ver la gloria de Dios llenar un restaurante, mi clamor es ver al gerente del restaurante, quien recibió un toque poderoso de Dios la semana pasada, posicionarse entre sus compañeros de trabajo. Allí es donde verdaderamente vemos la gloria de Dios, cada vez en aumento, realizada de una manera más permanente. Es entre aquellos que lo representan bien en pureza, poder y compasión. La posición valiente tomada por este gerente es una posición que hubiera sido difícil para él solo unas dos semanas antes. ¿Qué ocurrió? El poder de Dios vino sobre él en su grupo pequeño semanal, y ahora es diferente. Todos, incluyendo a su esposa e hijos, pueden verlo. Él es la encarnación de la valentía. Fue liberado del temor del hombre. Y pareció ocurrir en un momento. Dios ahora dice "amén" a sus palabras y acciones, haciéndolas más poderosas. Y siempre y cuando no invite a ese monstruo que vuelva a su vida, él ilustrará esa clase de valentía que solo se puede encontrar en Cristo. Me encanta Proverbios 28:1: Una declaración acerca de la valentía: *"Huye el impío sin que nadie lo persiga; Mas el justo está confiado como un león"*. Si alguna vez hemos necesitado a personas que modelen esta clase de audacia, es ahora. Y no hay mejor manera que ser aprehendido por el León de la Tribu de Judá. Su valentía se convierte en nuestra valentía. No es filosófica en naturaleza. Está en nuestra posesión a través de un encuentro divino. Su naturaleza se expresa por medio de nosotros en la experiencia.

Me encanta pensar que la gloria de Dios llene nuestros hogares al punto de que aun nuestros vecinos se den cuenta de que algo inusual está ocurriendo con nosotros. Pero también quiero que la pureza, el amor y la compasión beneficien a los vecinos. Y para la madre sola, que fue profundamente tocada por Dios el mes anterior, espero que ahora se pueda mantener firme en contra del acoso de su ex. En vez de ser manipulada para dar favores sexuales y similares, quiero ver el poder de Dios sobre ella como un testimonio audaz del Evangelio de Jesucristo. Tanto ella como su ex necesitan una demostración de la valentía que viene del Espíritu Santo y que solo puede ocurrir cuando Él está presente.

Quiero ver al hombre o a la mujer de negocios acostumbrado(a) a aceptar sobornos o a torcer la verdad a tomar su lugar legítimo como una representación justa y recta del Reino de Dios. O al pastor que es gobernado por una mesa directiva de líderes carnales ponerse firme en cuanto al completo y absoluto abandono de todo y tener el solo propósito de buscar el rostro de Dios, independientemente de cómo se presente. Los avivamientos tienen que ser traducidos a algo que beneficiará al ciudadano promedio, para que puedan "probar y ver que el Señor es bueno". (Ver Salmo 34:8.) Toma nota de las palabras probar y ver. Probar es nuestra experiencia. Ver es nuestra percepción. Lo que experimentamos siempre dará forma a nuestra percepción. El mundo en nuestro derredor está clamando por una demostración auténtica de un Dios que los ama. Es hora de que experimenten a Dios a través de las vidas de los que han sido aprehendidos para el avivamiento, para que su percepción de Él sea radicalmente cambiada. Éste es el fruto de avivamiento. Porque Dios nos toca de maneras dramáticas para que nos pueda usar más allá de nosotros mismos, para alimentar a un mundo hambriento.

MATAR EL TEMOR DEL HOMBRE

No creo que haya habido jamás una persona que Dios haya usado de maneras profundas que no tuviera que lidiar con el miedo del hombre. Una de las cosas que he estado aprendiendo es que si no vivo de las alabanzas de los hombres, no moriré por sus críticas. Es absolutamente cierto. Esto por supuesto no nos da permiso de ser desconsiderados o descuidados. Simplemente significa que estamos dispuestos a tomar decisiones para Dios que causan que perdamos favor con las personas. Si no puedes hacer eso, no puedes vivir en avivamiento.

La mayoría de los que hemos estudiado los avivamientos tenemos favoritos. No es que algunos hayan sido mejores que otros. Simplemente tendemos a admirar a los que nos hacen recordar nuestras propias travesías.

En una conversación, posiblemente uno le podría decir al otro, "oh, John Wesley. ¡Fue un gran hombre!" o "Ese George Whitfield fue un predicador tan poderoso del Evangelio". Mi propia familia fue poderosamente impactada por Smith Wigglesworth, Maria Woodworth-Ettery y Aimee Semple McPherson. Me encantan sus historias. Especialmente las que me ayudan a ver que eran personas normales. Ninguno de nosotros está calificado para ser superestrella. Pero Dios en nosotros hace que nada sea imposible. Cada uno de nosotros, según nuestros trasfondos cristianos, tenemos los nombres de nuestros héroes puestos en nuestras memorias. Tal como debe ser. La mayoría de ustedes que están leyendo este libro reconocerán el nombre de Charles Finney, aun si la única razón es porque yo lo he mencionado varias veces en este libro. Pero, ¿reconocen el nombre John Nevin? Él vivió a la misma vez que Finney y era muy conocido. Pero él era opositor a los avivamientos de Finney. Si no hay ninguna otra lección que aprender, es que la historia no trata bien a los críticos del avivamiento. Sus nombres son olvidados. Y cada persona usada en avivamiento que puedas mencionar tuvo opositores de posición igual y a veces más prominente a los ojos de los hombres. Tuvieron que soportar tal oposición a fin de entrar más plenamente a todo lo que Dios tenía ordenado para ellos.

PROTEGE LA CASA

Es vital que aprendamos cómo proteger lo que Dios está haciendo en nuestras iglesias, grupos pequeños, y hogares. Nunca tenemos que pedir perdón por Dios o explicar lo que hace. Él se puede defender muy bien. Pero también tenemos que aprender que lo que sale de la casa tiene que ser lo que es de beneficio para la sociedad y que afecta la cultura para la gloria de Dios. Eso es traducir el avivamiento.

Capítulo Once

¿PARA QUÉ ES EL AVIVAMIENTO?

"Un estado de constante avivamiento es tanto posible
como práctico, y cada cristiano debe constantemente
intentarlo y laborar y orar por ello … Que Dios en
gran misericordia nos envíe avivamiento constante,
siempre continuo, siempre conquistando … Que la obra
comience y nunca pare hasta que la gloria milenaria
resplandezca sobre nosotros, y que se oiga cantar el
himno triunfante sobre toda la tierra: "¡Los reinos de
este mundo se han convertido en los reinos
del Señor y Su Cristo! Amen.''[20]
SIMEON W. HARKEY

ESTA cita del siglo diecinueve es especialmente cerca a mi corazón, porque el autor, Simeon W. Harkey, es una de las pocas personas a quien he oído decir que el *avivamiento debe ser la norma*. Me gusta expresarlo de esta manera: El avivamiento es la vida cristiana normal.

---

20. Simeon W. Harkey, *The Church's Best State or Constant Revivals of Religion* (Sydney: Wentworth Press, 2019), 103.

Anteriormente en este libro hablé de la importancia de mantenernos fieles al fundamento, que en la experiencia cristiana es el día de Pentecostés. Lo que ocurrió allí debe permanecer en su debido lugar. Podemos añadir a ello, edificar sobre ello, y experimentar alrededor del mismo, pero tenemos que mantenernos fieles a lo que nos hizo llegar aquí, el fundamento. La razón es que Dios siempre nos está llevando a una gloria mayor. Siempre nos está llevando a un lugar más profundo, más íntimo y más glorioso, y siempre tendrá un mayor impacto sobre la humanidad. Yo personalmente pienso que el objetivo es siempre *que la gloria de Dios llene la tierra.*

PENTECOSTÉS ES AVIVAMIENTO

Pentecostés es una invasión de Su gloria, impregnando a Su pueblo, rebosante del efecto de la rectitud y la justicia en la tierra.

Pentecostés es el derramamiento del Espíritu Santo donde el pueblo de Dios está siendo lanzado a cosas que no entendemos, no podemos explicar, y que no nos atrevemos a controlar. Este día asombroso en la historia es un avivamiento honesto: uno sin agendas. Entre más pronto reconozcamos que tendemos a crear agendas, lo mejor. Porque entonces podemos perseguir Sus propósitos, sabiendo que tenemos una cojera, una debilidad, una parcialidad. Y por Su gracia, y solo Su gracia, esa debilidad puede ser cubierta por Su presencia sobrecogedora, para que podamos entrar totalmente a lo que Él tiene para nosotros en esta vida; siempre va mucho más allá de lo que nos hubiéramos imaginado o pedido.

Pentecostés crea el impulso para edificar para la gloria de Dios. Puede incluir organizaciones y edificios. Pero honestamente, podemos hacer eso sin avivamiento. Lo que es más importante es la formación de ideas, valores, estructuras relacionales y expresiones creativas que funcionan para ilustrar la naturaleza de Dios y que modelan Su propósito para la humanidad en la tierra. Ésta es una forma medible de ver el impacto del Cielo en todo lo que somos y hacemos.

LA SABIDURÍA DE RECONOCER LA DEBILIDAD

¿No es esa la razón por la que Jesús no enseña a orar, "*no nos metas en tentación*"? La Biblia ya nos dice que es imposible que Dios nos tiente porque Él no puede ser tentado con el mal. Entonces, ¿por qué pedir que no nos meta en tentación? Porque nos obliga a nosotros, sin importar qué tan grandes sean nuestros éxitos, sin importar qué tan grandes sean Sus propósitos sobre nuestras vidas, a vivir conscientes de nuestra constante necesidad de Su gracia.

Recuerdo este concepto en la advertencia registrada en Proverbios, donde habla de la persona de excelencia. Dice que se parará delante de reyes. Pero luego dice que si reconocemos que tenemos un apetito por lo que el rey tiene (posesiones, placeres, posición), debemos poner un cuchillo a nuestra propia garganta para acabar con ese deseo. De otra manera, seremos impulsados por nuestro apetito y el propósito, y ultimadamente transigiremos nuestra posición de servir e influir en el rey. (Ver Proverbios 22:29-23:2). En la historia de avivamiento con prejuicio y una agenda, es sabiduría reconocer nuestros propios apetitos que podrían transigir lo que Dios está anhelando hacer en nuestras vidas.

Esto no es para decir que nuestras agendas sean malas. La mayoría de nosotros que estamos persiguiendo avivamiento podemos citar el capítulo y versículo para respaldar nuestros prejuicios. Están basadas en lo que hemos aprendido o experimentando en nuestra travesía con Dios. En algunos casos, nuestras convicciones vienen de lo que hemos escuchado de historias de avivamiento en la historia. ¡Aférrate a esos valores y convicciones fuertemente! Pero no permitas que determinen lo que estás dispuesto a aprender en el futuro. En la mayoría de los casos son percepciones maravillosas—hasta que interfieren con lo siguiente que Dios quiere hacer.

EL PODER DEL GOZO

Por ejemplo, cuando pienso que el avivamiento parece lágrimas, mi predicación y mi ministerio estará buscando esa manifestación, para afirmar que ahora estamos en avivamiento. Y sin embargo he visto en muchas ocasiones que Dios tenía otro plan. Él trajo gozo. Y lo que complica el asunto más, las personas que menos merecían son las que recibieron más. Los expertos (críticos) del avivamiento tuvieron un gran día con eso: "¡Esas personas deberían estar gimiendo delante de Dios en arrepentimiento! Han sido pecadores complacientes por años. El gozo no es una respuesta apropiada. ¡Esto no es avivamiento!" Y sin embargo, muchas de estas personas llenas de alegría fueron transformadas en seguidores apasionados de Jesús en la experiencia. Se convirtieron en mejor cónyuges, padres y trabajadores. ¿No es esa la clase de fruto que anhelamos ver de los que se arrepienten?

Una de las historias más interesantes en la Biblia en cuanto a esto se encuentra en Nehemías 8. Es allí donde encontramos esa gran declaración, *"el gozo del Señor es nuestra fortaleza"*. Pero lo que viene antes de ese resultado frecuentemente se ha olvidado o ignorado. Leyeron la Palabra de Dios en la plaza pública. Las personas se mantuvieron paradas por horas, escuchando a esa palabra y escucharon lo que Dios requería. Comenzaron a gemir como resultado de ver cuánto se habían apartado de las normas de Dios para sus vidas. Los sacerdotes corrieron entre el pueblo ¡y les dijeron que dejaran de gemir!

Entonces Nehemías, que era el gobernador, y Esdras, el sacerdote y escriba, y los levitas que enseñaban al pueblo, dijeron a todo el pueblo: "Este día es santo para el Señor su Dios; no se entristezcan, ni lloren". Porque todo el pueblo lloraba al oír las palabras de la ley (Nehemías 8:9).

A veces el gozo es una manifestación mayor de fe que llorar. Siempre puedo ponerme cabizbajo y llorar, reconociendo lo indigno que soy. Para verdaderamente regocijarme en Él tengo que mirar más allá de mis problemas, y mirar a lo que Él ha hecho a mi favor.

Por lo que he visto en la cristiandad, una multitud llorando es el sueño del evangelista. Es donde invitamos a las personas al altar a arrepentirse. Esa es una respuesta apropiada—y absolutamente tiene su lugar—a menos que no sea lo que Dios está haciendo. En Nehemías 8, se instruyó al pueblo que festejaran y celebraran, porque entendían las palabras de la ley. No celebraron porque habían cumplido los requisitos de Dios para sus vidas. Era porque veían la verdad real y la entendían. Me pregunto cuántas más victorias experimentaríamos si simplemente nos regocijáramos hasta llegar a la victoria, solo porque escuchamos la voz de Dios, vimos Su corazón, y dijimos sí a Sus mandamientos.

Tanto la historia de Nehemías y las situaciones que he visto recientemente en la vida de la iglesia suenan mucho a la gracia. Personas que no lo merecen reciben gozo. La gracia es favor no merecido, que parece describir esta situación perfectamente. Éste es el estándar de la Escritura, *"la bondad de Dios te guía al arrepentimiento"*. (Ver Romanos 2:4.) Una lección dura que tuve que aprender con respecto a esto fue que las lágrimas son al arrepentimiento lo que la risa es a la salvación.

Creo que una persona podría haber nacido de nuevo por una semana y todavía tener su propia opinión de cómo buscar a Dios en avivamiento.

No se requiere de mucho tiempo para formar prejuicios. Es aquí donde debemos madurar en relación con nuestra búsqueda de más de Dios: ¡avivamiento! Con demasiada frecuencia reducimos nuestro discernimiento para el mover de Dios a ciertas manifestaciones específicas y no al discernimiento de Su presencia misma. Es difícil reconocerlo en un ambiente público si no hemos desarrollado esas habilidades en privado. Mi interacción personal con Él es dónde aprendo a reconocerlo cuando entra a una habitación. Y por favor, no te ofendas con mi frase, cuando entra a una habitación. Yo sé que Él ya está con nosotros. Pero vivir inconsciente de Él hace que sea difícil reconocer cuando se presenta de una manera mayor o de una manera diferente con una agenda específica. Jesús vivía consciente de Él y llegó a ser un ejemplo para nosotros:

> *Y un día que Él estaba enseñando, estaban allí sentados algunos fariseos y maestros de la ley que habían venido de todas las aldeas de Galilea y Judea, y de Jerusalén; **y el poder del Señor estaba con Él para sanar*** (Lucas 5:17).

El Espíritu Santo, el poder del Cielo, ya descansaba sobre Jesús. El hecho de que Jesús reconocía que el poder del Señor estaba presente para sanar implica que pudo haber estado allí por otra razón: liberación, predicación, corrección, aliento profético, etc. Jesús, al ver lo que el Padre estaba haciendo, cooperó con ese poder para hacer los milagros que revelaban el corazón del Padre a las personas. Debe ser nuestra intención aprender a reconocerlo y aprender a reconocer Su corazón. Porque sólo entonces podemos saber qué es lo que Él acaba de entrar en la habitación para *hacer*. Sinceramente creo que esto en sí nos permite profundizarnos más en el mover de Dios que si insistimos en aferrarnos a nuestros prejuicios. Si hacemos eso, típicamente solo experimentaremos aquello para lo cual tenemos fe y no lo que Él planea hacer. Reconocer lo que Él está haciendo es un componente crítico para descubrir hacia qué el avivamiento debe conducir.

SER CO-MISIONADO

Hay varias comisiones de Jesús en los Evangelios. La más famosa, por supuesto, se encuentra en Mateo 28, que es la que llamamos la Gran Comisión, debidamente titulada porque revela el corazón de Dios al ponernos en el planeta Tierra.

> *Y Jesús se acercó y les habló diciendo: Toda potestad me es dada en el cielo y en la tierra. Por tanto, id, y haced discípulos a todas las naciones, bautizándolos en el nombre del Padre, y del Hijo, y del Espíritu Santo; enseñándoles que guarden todas las cosas que os he mandado; y he aquí yo estoy con vosotros todos los días, hasta el fin del mundo. Amén* (Mateo 28:18-20 RVR60).

Pasajes similares en Marcos y Lucas añaden al retrato completo de la esta comisión

La versión de Marcos:

> *Id por todo el mundo y predicad el evangelio a toda criatura. El que creyere y fuere bautizado, será salvo; mas el que no creyere, será condenado. Y estas señales seguirán a los que creen: En mi nombre echarán fuera demonios; hablarán nuevas lenguas; tomarán en las manos serpientes, y si bebieren cosa mortífera, no les hará daño; sobre los enfermos pondrán sus manos, y sanarán* (Marcos 16:15-18 RVR60).

La versión de Lucas:

> *Así está escrito, y así fue necesario que el Cristo padeciese, y resucitase de los muertos al tercer día; y que se predicase en su nombre el arrepentimiento y el perdón de pecados en todas las naciones, comenzando desde Jerusalén. Y vosotros sois testigos de estas cosas. He aquí, yo enviaré la promesa de mi Padre sobre vosotros; pero quedaos vosotros en la ciudad de Jerusalén, hasta que seáis investidos de poder desde lo alto.* (Lucas 24:46-49 RVR60).

Sabemos que mientras que cada uno de estos decretos varía en tono e información, no están en conflicto. Al contrario, complementan el uno al otro. Los tres nos proporcionan un vistazo singular, con un retrato más completo de nuestra asignación. No es mi intento estudiar completamente los pasajes aquí y ahora. Pero me gustaría hablar de tres cosas específicas tratadas aquí que nos pueden ayudar con la pregunta, *¿para que es el avivamiento?*

Primero que todo, ser comisionado implica haber recibido poder para un propósito específico. En este caso, es para seguir las pisadas de Quien nos ha comisionado, y seguir adelante con Su obra. A la luz de esto, uno de los enfoques es hacer discípulos de las naciones. La siguiente es hacer discípulos dentro de las naciones. Esta es una distinción clara que tiene ramificaciones profundas en cuanto a cómo vivimos, pensamos, oramos y actuamos.

Antes de que resistas la idea de discipular a naciones, recuerda que Dios nos llama a nosotros, la Iglesia, una nación santa; solo una nación puede discipular a una nación. Pero solo una nación unida puede tener esa clase de influencia y peso sobre las naciones existentes del mundo.

Porque avivamiento es vida en la gloria, y Su gloria une, podemos ver cómo discipular a naciones puede y tiene que ser posible—viviendo en la gloria.

Y la segunda parte es a lo que estamos más acostumbrados: hacer discípulos dentro de las naciones. Hacemos ambos caminando en las pisadas del Resucitado, quien tiene una solución para cada problema personal, así como para cada problema internacional. Las naciones fueron Su idea. Y Él tiene un plan.

Combinar estos dos enfoques en la comisión nos recuerda a detenernos por el uno, como Heidi Baker lo declaró, y servirles para su transformación personal. Pero la segunda parte es para inspirarnos a nunca perder de vista la responsabilidad de traer cambios culturales a la sociedad misma a través del Evangelio del Reino, y así, discipular a naciones.

Ese Evangelio es la buenas nuevas de vivir bajo Su gobierno/dominio. Afecta y redefine toda la vida. Esa realidad de *como-es-en-el-Cielo* debe ser justamente eso—una revelación del Cielo que vendrá a través del examen de la vida del creyente en estas esferas: espíritu, alma y cuerpo. El ministerio de Jesús impactó cada una de estas áreas y eso fue antes de la cruz y la resurrección. Cuánto más hay que ver, ahora que el creyente es la habitación eterna del Espíritu Santo.

LA META DEL ENTRENAMIENTO

Hacer discípulos, no convertidos, es nuestro mandato. La ambición hermosa de todo entrenamiento en el Reino de Dios es que lleguemos a ser como Jesús en todo lo que somos y hacemos. Jesús tenía intenciones para nosotros que son mucho más grandes de lo que cualquiera de nosotros pudiéramos pensar posible. Éste es el estándar de la Escritura:

"pero todo *discípulo*, después de que se ha preparado bien, será como su maestro" (Lucas 6:40). Parecerse es la meta.

Jesús modeló el mejor programa de discipulado que el mundo jamás haya visto. Entrenó a sus 12 discípulos originales por medio de la palabra, el ejemplo, y oportunidades empoderadas. Esas oportunidades fueran las veces que Jesús les mandó y permitió que hicieran lo mismo que Él había hecho. Regresaron de esos viajes tipo misionero con historias de milagros y liberaciones en las cuales participaron. Las siguientes cuatro áreas tratadas en Su entrenamiento proveen un ejemplo esquemático de la travesía relacional de Jesús con 12 hombres, lo que llamamos discipulado.

Carácter/pureza: Su enseñanza, que incluía la corrección, se enfocaba en asuntos de ambición, pensamientos y comportamiento. Ellos debían vivir de una manera consistente con el ejemplo que Jesús había establecido para ellos en cuanto a cómo manejar su mundo interior.

Amor/compasión: Jesús constantemente se movía con compasión por las personas y sus necesidades. Tal compasión era seguida por una solución sobrenatural. Mucho de Su entrenamiento preparó a los doce a cuidar a otros. Comenzó con cómo veían a otros discípulos, pero se extendía a las multitudes hambrientas que querían enviar a casa.

Poder/autoridad: Esto estaba específicamente enfocado en la sanidad y liberación. Es interesante notar que el poder y la autoridad no funcionaban por su propia cuenta. En el ejemplo de Jesús, vemos tanto el poder como la autoridad fluir a través de Su compasión por los que tenían necesidad. Pablo lo expresó de esta manera, *"la fe obra por el amor"* (ver Gálatas 5:6), para ilustrar que estos dos siempre se usan para servir a otros efectivamente.

Sueño/significado: Este probablemente es el de la lista con el cual muchos tendrán problemas, como parece tener poco que ver con avivamiento. Veámoslo de esta manera: Si el avivamiento debe llevar hacia algo, tiene que ser como un resultado de la transformación y no más reuniones (las cuales me encantan). Jesús trató con este asunto cuatro veces en Juan 14, 15 y 16, donde a Sus discípulos se les dio una promesa por parte de Dios la cual, antes de ellos, solo Salomón había recibido: podían recibir cualquier cosa que pidieran. Así que aquí Dios les había dado un cheque en blanco. ¿Lo gastaremos en levantar imperios? ¿O pediremos naciones?

El efecto de tener éxito aquí es una reforma donde la sociedad misma es transformada de dentro/afuera. La transformación afectará las leyes que la sociedad crea. Pero es importante notar que las leyes no son lo que trae transformación: es el Espíritu Santo obrando en y por medio de Sus seguidores para demostrar la realidad del Cielo en la tierra.

La transformación auténtica comienza con la mente. Pablo nos instruyó de esta manera: "*sean transformados por la renovación de la mente*" (Romanos 12:2). Una mente transformada transforma a una persona. Y una persona transformada puede transformar a una ciudad.

La transformación es la ambición del Cielo. Se puede medir en familias sanas, vidas productivas que contribuyen a la salud total de nuestras comunidades, prosperidad del ama que afecta la salud total de cuerpo, mente, emociones, esperanza cada vez mayor por todo lo que Dios tiene como propósito para nuestras vidas en la tierra, así como incremento financiero constante que viene debido al propósito divino. A partir de allí, las ciudades asumen un diseño singular, contribuyendo a la expresión total de la naturaleza creativa de Dios sobre la tierra. Mi esperanza es que veamos una Reforma combinada con un Renacimiento para revelar más completamente la naturaleza y el pacto de Dios en la sanidad de la tierra.

El avivamiento revela la santidad y el poder de Dios

La reforma revela el corazón y la mente de Dios.

El Renacimiento revela la belleza y la maravilla de Dios.

Hablaremos más de éstos en un capítulo posterior.

PINTEMOS UNA IMAGEN

Para concluir este capítulo, permíteme pintar una imagen que nos debe ayudar a ver el efecto que el avivamiento debe tener en la formación de la cultura misma.

Primero, forma una imagen de un muro de ladrillos en tu mente. Y para ilustrar, digamos que el muro está hecho de 30 filas de ladrillos, cada una encima de la otra, hasta alcanzar la altura deseada. Ese muro representa la sociedad, con todos sus dones y asignaciones de Dios. Cada capa representa un segmento diferente de la sociedad. Aunque Dios nos ama a todos por igual, no todos tienen el mismo favor. Jesús habló de la persona con cinco talentos (medida de dinero), otro con dos, y todavía otro con uno. (Ver Mateo 25:14-30.) La maravillosa verdad que se aplica a todos, independientemente de cómo empecemos, es que todos tenemos un potencial ilimitado a través del uso fiel de lo que Dios nos ha dado. Un buen recordatorio es que Jesús tenía 12 discípulos, pero solo a tres de ellos se les permitió participar en algunas de sus actividades. Dios soberanamente selecciona a personas con papeles diferentes. Lidiar con esa cuestión es algo que tenemos que hacer en la vida, o reaccionaremos con celos por la persona con más o con un sentido de superioridad sobre la persona con menos. Ambas posturas son peligrosas.

Regresemos al muro: Las filas más inferiores son los más pobres de los pobres, y las filas superiores representan a quienes se les ha dado un lugar alto de influencia. Esto es o por sus posiciones de gobierno, como un político o director ejecutivo de una corporación, o por fama, como un actor, una actriz, o atleta profesional. La fila más alta consta de personas con posiciones que dan forma a y crean cultura.

Ahora, imagina al fuego de avivamiento pegando al muro. El avivamiento siempre empieza en el lugar más abajo con los pobres y luego va hacia arriba. Y aunque no siempre significa los pobres en el sentido financiero, siempre son los pobres en espíritu. Conforme el avivamiento es administrado bien, se esparce a otras filas de ladrillos en el muro. Cuando el avivamiento ha sido administrado lo suficientemente bien, eventualmente empieza a dar forma a valores, ambiciones y el comportamiento de quienes dan forma a la cultura. Estos son los que moldean las mentes, y constituyen las filas superiores de ladrillos en el muro. La mayoría de las veces, estas posiciones son abusadas y utilizadas para el beneficio personal y la autopromoción. Pero ese no era el propósito de su don, al igual que Jesús no le dio a Judas la caja del tesoro para que él pudiera robar. Todo lo que Dios nos da tiene un propósito divino y su intención es darle gloria. Y todo lo que Él nos da puede ser usado por la razón directamente opuesta por la cual Dios lo dio. El punto es, cuando el avivamiento tiene su efecto total sobre la sociedad, tocando las capas superiores de esta ilustración, tocando a aquellos que parecen ser intocables, la cultura cambia. El fuego arde hacia arriba. La transformación fluye hacia abajo.

PODER Y SABIDURÍA

El poder enciende los inicios del avivamiento, pero la sabiduría lo sostiene. El hecho de no aplicar las normas de las Escrituras, las cuales revelan la mente de Cristo en los asuntos cotidianos de la vida, es lo que hará morir de hambre un avivamiento de la misma manera en que un fuego muere sin combustible.

Creo que la transformación cultural es lo que enciende y/o nos lanza a una reforma. La cultura es básicamente la manera en que las personas viven y se acercan a la vida. Incluye cosas como límites relacionales, identidad, valores, ambiciones, propósito, esperanza y sueños, y muchos otros efectos de la influencia directa de Dios sobre todo lo que tenemos y somos. El proceso de pasar de la transformación cultural a la reforma implica aprender a vivir en la sabiduría, lo que nos posiciona para reinar en la vida. La transformación cultural que conduce a la reforma es el resultado, cuando menos en parte, del don de Dios llamado sabiduría, que es la mente de Cristo.

Solo para despertar tu apetito: Ginebra todavía vive bajo la influencia de una reforma que ocurrió hace 500 años: Rolex, Cartier, las Naciones Unidas, la YMCA, el Banco Mundial, y muchas más entidades existen donde Calvin y otros creían que los caminos de Dios eran los mejores y que Él tenía respuestas a cada dilema que podíamos experimentar en nuestro mundo. Estos valores y la verdad crean un efecto incubador en una parte del mundo donde la excelencia, la creatividad y la posibilidad llegan a ser expresiones normales de la vida. Debido al profundo impacto de una reforma sobre las generaciones, yo quisiera declarar, *les debemos a nuestros hijos, nuestros nietos, y muchas generaciones más, una reforma*. La debida mayordomía del avivamiento como una semilla, nos establecerá para probar y saber por qué estamos vivos. El avivamiento es para la reforma.

Capítulo Doce

EL PENTECOSTÉS VENIDERO, LA GLORIA VENIDERA

Los agentes de avivamiento nacen en la tensión entre gloria y gloria. Sí, hay una gloria en una temporada anterior o expresión de derramamiento; sin embargo, por maravilloso que eso sea, hay más. Hay un aumento.

Dios es más grande que la última temporada de despertar y período de avivamiento. ¿Podría ser que no hemos visto avivamiento consistente y sostenido porque estamos esperando que Dios continúe las cosas tal cual, cuando en realidad, Él deliberada e intencionalmente quiere aumentar el calor? [21]

PENTECOSTÉS es un evento histórico que declara la intención de Dios para el futuro. Él no va hacia atrás. Tampoco trata de restaurar los "buenos días de antaño" en el sentido de que no hay nada nuevo. Tenemos el gran desafío de mantener lo que es valioso para

21. Larry Sparks, comp., *Ask for the Rain: Receiving Your Inheritance for Revival & Outpouring,* (Shippensburg, PA: Destiny Image, 2016), 27.

Dios, que incluye la historia que Él nos ha dado, y a la misma vez posicionarnos para el aumento y el cambio que Él tiene la intención de traer. Asumir este desafío es glorioso más allá de nuestra imaginación o deseo.

Entender lo que ocurrió en Pentecostés, más allá de lo obvio, nos ayudará a ver la necesidad de la obra continua en nosotros para todo tiempo. El Pentecostés fue glorioso por razones por encima y más allá de la comprensión común. Ver este solo evento como un patrón para todo tiempos es necesario y de provecho. Pero para verlo claramente, se necesita examinar el sistema raíz de esta experiencia. Para eso, tenemos que volver a Génesis para examinar la primera vez que se menciona *la casa de Dios* en las Escrituras. Es un momento extraordinario, pero lleno de esperanza y promesa.

LA RAÍZ DE GÉNESIS

Es lógico que porque Dios ve el fin desde el principio, y Él es verdadero soberano sobre todo, que Él plantaría las semillas de sus intenciones definitivas en el Libro de Génesis. Y así lo hizo. De hecho, hay tantas cosas iniciadas en el libro de comienzos que no reconocerlas es costoso, ya que corresponden al propósito divino. Un favorito personal que tiene gran impacto en la Gran Comisión a través de Jesús se encuentra en el capítulo uno: *"Y los bendijo Dios, y les dijo: Fructificad y multiplicaos; llenad la tierra, y sojuzgadla" (Génesis 1:28).* Él hizo la tierra para la humanidad, pero los cielos para Sí mismo. (Ver Salmo 115:16.) Su plan para los que había hecho a Su imagen era que fueran Su autoridad delegada sobre el mundo tal como lo conocemos. De esta manera Dios gobierna, pero lo hace por medio de nosotros. Esta imagen continúa después de la caída del Hombre por medio del pecado. Jesús nos restauró a un lugar de pureza y propósito, dándonos poder y autoridad para predicar las buenas nuevas *a toda la creación*. (Ver Marcos 16:15.)

La segunda verdad principal en cuanto a nuestra identidad y propósito se encuentra en la primera mención de la *casa de Dios* en toda la Biblia. Sabemos que el tema *casa de Dios* es muy grande en la Escritura, y adquiere más ímpetu y diseño en el Nuevo Pacto.

La iglesia no es edificios u organizaciones. La Iglesia es personas—piedras vivas que son edificadas juntas para formar la casa de Dios, a fin de hospedar al sacerdocio espiritual. Esta identidad se declaró en Éxodo 19:6 e Isaías 61:7. Ambas veces el Señor dijo que sucedería, hablando de una fecha y hora futura. Pero aquí, ¡Pedro declara que es ahora! Venía. Pero ahora es.

> *Y viniendo a Él, como a una piedra viva, desechada por los hombres, pero escogida y preciosa delante de Dios, también ustedes, como piedras vivas, sean edificados como* **casa espiritual para un sacerdocio santo**, *para ofrecer sacrificios espirituales aceptables a Dios por medio de Jesucristo... Pero* **ustedes** *son linaje escogido,* **real sacerdocio**, *nación santa,* **pueblo** *adquirido para posesión de Dios, a fin de que anuncien las virtudes de Aquel que los llamó de las tinieblas a Su luz admirable* (1 Pedro 2:4-9).

De las muchas casas de Dios en el Antiguo Testamento, solo dos son ilustraciones proféticas de la Iglesia Neotestamentaria. Una es llamada el Tabernáculo de David. Los sacerdotes ministraban al Señor 24/7 en adoración e intercesión. Esta clase de ministerio es modelado tan bien a través de Mike Bickle y el ministerio de IHOP (Casa de Oración Internacional). Se habla del Tabernáculo de David como un ministerio de los últimos días en Amós 9:11-1 y es reafirmado como una realidad del Nuevo Testamento en Hechos 15:15-17. Pero la segunda ilustración, encontrada en Génesis 28, es la que necesitamos para este capítulo.

> *Jacob salió de Beerseba, y fue para Harán... Tuvo un sueño, y vio que había una escalera apoyada en la tierra cuyo extremo superior alcanzaba hasta el cielo. Por ella los ángeles de Dios subían y bajaban... Despertó Jacob de su sueño y dijo: "Ciertamente el Señor está en este lugar y yo no lo sabía". Y tuvo miedo y añadió: "¡Cuán imponente es este lugar! Esto no es más que la **casa de Dios**, y esta es la **puerta del cielo**"* (Génesis 28:10-17).

Los teólogos por lo general están de acuerdo en que cada vez que encontramos la primera mención de algún tema en las Escrituras, establece un estándar estándar para que el resto de la Biblia afirme o agregue definición, pero nunca para socavar. Este principio es fascinante en lo que respecta al tema de la casa de Dios, ya que no se menciona para ningún edificio, ni tampoco hay un grupo de creyentes reunidos, como veríamos en Hechos o las Epístolas. Lo que sí tenemos es un hombre con un sueño—y un encuentro con Dios—al aire libre. Y eso es lo que se llama "casa de Dios". Aparentemente, dondequiera que Dios habite, esa es Su casa.

Hay una declaración calificadora en la respuesta de Jacob que podría ser un tanto sorprendente. En su experiencia, él llamó la casa de Dios la *puerta del cielo*. Por misterioso que eso pudiera sonar al principio, es en realidad bastante maravilloso y razonable cuando consideramos quién Dios nos hizo ser.

Una puerta es un lugar de transición entre dos realidades. Por ejemplo, tengo una puerta que nos lleva desde mi entrada hasta mi patio trasero y viceversa. También tengo una que nos lleva desde nuestro patio trasero a nuestra hortaliza orgánica y de vuelta de nuevo. El punto es que la puerta es la que da acceso a un lugar desde otro.

Los creyentes están sentados en Cristo, en lugares celestiales. (Ver Efesios 2:6.) Esa es nuestra casa eterna, que disfrutamos en cierta medida ahora. Y sin embargo, también somos ciudadanos este mundo también. Aquí vemos nuestra posición singular de la doble ciudadanía.

La imagen a la que Jacob aludió era una casa que era una puerta en el borde de dos realidades: El Cielo y la tierra. Eso nunca ha sido más real, o aun posible, que en los tiempos del Nuevo Testamento cuando la Iglesia encuentra su lugar en Cristo, *"muy por encima de todo principado, autoridad, poder, dominio y de todo nombre que se nombra, no solo en este siglo*[a] *sino también en el venidero"* (Efesios 1:21). Esto debería conducir a una percepción de Pentecostés que debe hacernos anhelarlo intensamente una vez más.

Esta visión de Pentecostés es para darnos una percepción de cómo Dios ha elegido hacer las cosas en este mundo. Primero permíteme decir, Dios es Dios; Él es soberano sobre todo y puede hacer cualquier cosa, y de cualquier manera que quiera. Cuando escoge obrar de una manera, no es porque Él esté limitado o restringido. Es porque Él es amor. Y el amor obra con sabiduría por el bien de todo lo que Él ha hecho.

Si oramos por los enfermos, y son sanados, ¿qué fue lo que acaba de ocurrir? La salud es una realidad del Cielo, que es Su mundo. Ninguna enfermedad puede habitar allí, como es un lugar donde Su gobierno perfecto y completo es demostrado. Nuestra fe y/o obediencia nos trajo a estar de acuerdo con Su voluntad, revelada en Su naturaleza (ver Éxodo 15:26), y nuestro propósito y llamado (ver Mateo 10:8). Sanidad, la realidad de Su mundo, vino a través de la puerta a este mundo. ¿No es eso, al menos en parte, lo que Él quería decir cuando nos dijo que oráramos, "en la tierra así como en Cielo"? (Ver Mateo 6:9.) La casa de Dios es la puerta.

PENTECOSTÉS Y LA PUERTA

Ciento veinte personas se reunieron en verdadera unidad y oraron. No sabemos cuál fue el horario de esta reunión de oración; si era 24 horas al día, 7 días a la semana por 10 días, o si duraba varias horas al día, o qué. Lo que sí sabemos es que oraron hasta que Él vino.

Cuando llegó el día de Pentecostés, estaban todos juntos en un mismo lugar, y de repente vino del cielo un ruido como el de una ráfaga de viento impetuoso que[b] *llenó toda la casa donde estaban sentados. Se les aparecieron lenguas como de fuego que, repartiéndose*[c]*, se posaron*[d] *sobre cada uno de ellos. Todos fueron llenos del Espíritu Santo y comenzaron a hablar en otras lenguas, según el Espíritu les daba habilidad para expresarse (Hechos 2:1-4).*

Lenguas es un don maravilloso de Dios y es usado para edificación. Es el único don que ha de ser usado para nuestro propio beneficio. Pero en este contexto, no quiero que nuestro tema sea lenguas o cualquier otra manifestación. Se trata de que Él venga sobre nosotros y nos llene de Sí Mismo. Esa es la meta, para que impactemos al mundo en nuestro derredor, en Su nombre, como lo haría Jesús si estuviera en nuestros zapatos.

Visualiza ahora conmigo la idea de que la Iglesia, los 120 creyentes, eran *la puerta entre los dos mundos.* ¿Es posible que esta visitación de Dios que se ha registrado aquí sea una manifestación de realidades celestiales sobre Su pueblo? Permíteme explicar. Dice que un ruido vino del cielo. La palabra para *ruido* se pude traducir "rugido." Luego vemos que un sonido, como un viento violento, entró al cuarto. Esa palabra *viento* está en el Nuevo Testamento dos veces. En este versículo es viento, y la otra vez es traducida como "aliento". ¿Es posible que lo que se registra aquí es el rugir del mismo aliento de Dios que llenó el cuarto? Las dos manifestaciones de esta maravillosa gracia desatada sobre ellos fueron vistas a través de descripciones naturales: viento y fuego. No creo que sea una coincidencia que el escritor de Hebreos escriba, *"De los ángeles dice: «El que hace a Sus Ángeles, espíritus Y a Sus ministros, llama de fuego».* (Hebreos. 1:7). Y nuevamente escribe, *"¿No son todos ellos espíritus ministradores enviados para servir por causa de los que heredarán la salvación?"* (Hebreos 1:14). Ángeles hacen cumplir los propósitos de Dios en nuestras vidas. También rinden servicio para quienes nacieron de nuevo. Aunque es insensato adorar a los ángeles, es igualmente insensato ignorarlos. Jesús habló de ellos y parte del papel que desempeñarían con Él, quien era el prototipo del creyente, cuando dijo, *"En verdad les digo que verán el cielo abierto y a los ángeles de Dios subiendo y bajando sobre el Hijo del Hombre"* (Juan 1:51). Aunque Dios es el Hijo eterno de Dios, aquí es llamado Hijo de Hombre. Para mí, eso resalta la intención del mundo de Dios de cooperar con las personas que han nacido de nuevo. Por lo general, nosotros no vemos la actividad angelical. Y probablemente así debe ser. Pero es vital que creamos lo que dice la Palabra de Dios, independientemente de nuestra experiencia. Somos el lugar de actividad angelical. Somos la puerta del cielo.

¿QUÉ FUE EL SONIDO?

Me parece que había un gran número de ángeles presentes en el día de Pentecostés, como tuvieron gran efecto en cómo el día fue descrito: viento y fuego. Pero el resultado correspondiente es lo que me conmueve más. El rugido del cielo, el aliento de Dios, liberado sobre la ciudad de Jerusalén.

> *Al ocurrir este **estruendo**, **la multitud se juntó**; y estaban desconcertados porque cada uno los oía hablar en su propia lengua* (Hechos 2:6).

La historia sigue diciendo que Pedro predicó el Evangelio a la multitud que se había juntado y que 3.000 personas fueron salvas ese mismo día. (Ver Hechos 2:41.) Esto es asombroso, especialmente cuando consideras que la respuesta inicial de la gente fue burlarse y rechazar la manifestación de la presencia de Dios sobre los Suyos. (Ver Hechos 2:7-11).

A lo que quiero llamar tu atención es el sonido emitido a través de los 120 por la ciudad. Creo que es un tanto tonto pensar que en una ciudad internacional de esta clase, que las personas hablando en lenguas extranjeras atraerían a una multitud de miles multiplicados. Incluso en una ciudad como Redding, que es lejos de ser un lugar de reunión internacional, esa clase de reunión nunca sucedería. Si diez personas se paran en una la esquina de una calle hablando español, o lituano por ejemplo, nunca causaría que las personas dejaran sus casas y negocios para reunirse alrededor de una multitud de extranjeros. Nunca. Quisiera sugerir que el aliento de Dios, emitido sobre los corazones rendidos de 120 personas, creó un sonido, muy parecido a como el aliento de un músico emite un sonido cuando sopla sobre la boquilla de un saxofón. Y ese sonido divino llamó a las personas a su destino, aun cuando al principio corrieron hacia una ofensa. Muchas veces nuestro destino está al otro lado de una ofensa. (Si podemos superar ese obstáculo, podemos entrar a todo lo que Dios ha intencionado. Sin duda, eso es lo que ocurrió a la mujer sirofenicia que quería sanidad para su hija. Jesús dijo que no podía dar el pan de los hijos a los perros. Ella tuvo la oportunidad de ofenderse, muy fácilmente, realmente. Pero no se ofendió. Y su hija fue sanada.)

Encuentro que Dios a menudo expone nuestra inclinación hacia la ofensa cuando Él se empieza a mover en una manera sobrenatural. Parece ser cualquier cosa menos divina. La pregunta sigue siendo: ¿Cuánta hambre realmente tenemos?

Es tan maravilloso que las 120 personas primero oraron en unidad. Posiblemente haya sido lo que los unió. Y luego otra vez, esa unidad posiblemente fue el resultado de que oraran y se arrepintieran juntos por diez días. Independientemente, esa unidad les permitió aguantar la tentación de ofenderse por las experiencias de los otros, o ser controlados por el temor del hombre al ver la respuesta inicial de la ciudad a su encuentro.

El resultado final es lo que todos anhelamos: Tres mil almas se entregaron a Cristo. Pero no se detuvo allí. El proceso de añadir más a la iglesia era diario.

La imagen que he tratado de pintar es cómo la Iglesia es la puerta del Cielo, estratégicamente posicionado entre dos mundos: El Cielo y la tierra, y cómo incluso Pentecostés ocurrió estratégicamente con ese concepto de colaboración entre los dos mundos a través de autoridad delegada rendida.

EL IMPACTO DE PENTECOSTÉS

Creo que menos personas se ofenderían con el tema de Pentecostés si solo pudieran ver el efecto de esa experiencia continua en las ciudades que amaban y servían. En ocasiones, las cosas ofensivas o la manera en que las personas han aplicado mal ciertas verdades o experiencias han causado que personas realmente "tiren al bebé junto con el agua del baño". Tantas normas cambiaron en ese solo día—el día singular del cual el Espíritu Santo tuvo total control.

> *Y en los postreros días, dice Dios,*
> *Derramaré de mi Espíritu sobre toda carne,*
> *Y vuestros hijos y vuestras hijas profetizarán;*
> *Vuestros jóvenes verán visiones,*
> *Y vuestros ancianos soñarán sueños;*
> *Y de cierto sobre mis siervos y sobre mis siervas*
> *en aquellos días*
> *Derramaré de mi Espíritu, y profetizarán.*
> (Hechos 2:17-18)

Se conoce a la iglesia a menudo por las barreras que creamos. Y sin embargo el derramamiento del Espíritu Santo fue para destruir barreras, revelando el corazón de Dios por la humanidad. Mira junto conmigo los muros que hemos levantado que Dios destruyó en ese día. Si no por ninguna otra razón, necesitamos otro Pentecostés para destruir las barricadas que hemos levantado "en el nombre de Jesús".

Toda raza: Él dijo que derramaría Su Espíritu sobre *toda* la humanidad (toda carne). Ninguna raza es mejor que otra, y ninguna raza es inferior. La arrogancia que daría a luz tal insensatez es obliterada por Pentecostés. Solo en el "brillo posterior" cuando hemos perdido la llama original, encontramos ocasión para regresar a tales formas tan inferiores de pensar.

Hombre y Mujer: Él dijo que ambos, los hijos y las hijas, profetizarían. Esa responsabilidad de hablar por parte de Dios no está reservada solo para los hombres. Ese engaño, que ha sido alimentado por un terrible malentendido en cuanto a la enseñanza de Pablo acerca de las mujeres, se destruye en Pentecostés. En los Evangelios, solo se contaban a los hombres entre la multitud. En el Pentecostés, todos fueron contados. El mover de Dios crea un campo de juego nivelado. Desafortunadamente, solo después de un derramamiento como tal se restauran a la vida de la iglesia normas tan destructivas como *"solo los hombres"*.

Toda edad: Los jóvenes ven visiones y los ancianos sueñan sueños. El punto es, no puedes ser demasiado joven ni demasiado anciano. El valor de cada edad solo se aclara en la unción de Pentecostés, donde las personas son celebradas por quienes son en Dios, sin tropezar sobre quienes no son. Esto es algo vital cuando la cultura adora a lo joven e ignora el beneficio de la edad. Son los dos juntos que dan una imagen más completa de la naturaleza y el corazón de Dios.

Toda clase social: Él dijo: "sobre mis siervos." Gracias a Dios, la esclavitud ya no es legal, y aunque hay lugares en derredor del mundo donde esto todavía ocurre, es reconocido por casi todos que es algo perverso. Así que este versículo toma aun más significado, como la experiencia de Pentecostés también es para los que eran esclavos. De ninguna manera está aprobando la esclavitud. Al contrario, está afirmando que ni siquiera la esclavitud puede crear una barrera que mantenga a alguien fuera del encuentro celestial y glorioso con el Espíritu Santo encontrado en Pentecostés. ¡Incluso el esclavo queda posicionado para cambiar el mundo!

El Pentecostés creó un campo de juego equitativo para cada raza, tanto hombre y mujer, cada edad, y cada clase social y económica. Es hora de que regresemos a la teología del Pentecostés, como ha pasado tanto tiempo desde que el fuego de Su presencia quemó la insensatez que hemos creado en Su nombre. Las malezas han crecido en ausencia de Su presencia sobrecogedora. Es tiempo de nuevamente ser sobrecogidos.

La belleza de la vida de la iglesia, y ni decir la vida de la ciudad, tiene que lograrse por medio de valorar todo el cuerpo de Cristo. Esto tiene que incluir la rama de la tercera-ola/carismática/pentecostal, así como las partes litúrgicas, y todo en medio. Somos mucho mejores juntos que separados. Pero va más allá de nuestras tradiciones y creencias; tiene que incluir a la mujer restaurada a su lugar de honor, con cada raza celebrada por quiénes son, y cada edad y clase honrada desde la perspectiva de Dios. Esto nos permite valorar las culturas singulares en derredor del mundo, conscientes de que hay vislumbres de quién es Jesús que solo podemos ver cuando abrazamos a personas fuera de nuestras zonas de comodidad religiosas, lo que a su vez enriquecerá toda nuestra vida.

El bautismo en el Espíritu Santo fue lo suficientemente importante para que Jesús dijera que no debían salir de Jerusalén sin él. Esta experiencia no era para crear un "quienes lo han experimentado versus quienes no lo han experimentado". Es a la vez un mandato y una invitación a sumergirse en Dios más allá del punto de pelear por la dignidad humana, y rendirnos completamente a Él. Cambia nuestra perspectiva en cuanto a todo. El hambre por avivamiento tiene que incluir este bautismo como un enfoque primario, como esto es lo que Dios les mandó perseguir. El Dr. Michael Brown citó el pensamiento de Oswald Chambers acerca del bautismo del Espíritu Santo:

> Mirando atrás, Oswald Chambers pudo decir, "El bautismo del Espíritu Santo no te hace pensar en el tiempo o la eternidad; es un ahora asombroso y glorioso".[22]

Me encanta esto tanto. *¡Un ahora asombroso y glorioso!* Cuando el hambre por avivamiento aumenta, se habla mucho de tratar con el pecado y la transigencia. Y con buena razón. Tenemos que tratar con estos asuntos.

---

22. Larry Sparks, comp., *Ask for the Rain: Receiving Your Inheritance for Revival & Outpouring,* (Shippensburg, PA: Destiny Image, 2016), 41.

Pero percibo que a menudo las personas se conforman con las cosas inferiores porque no hemos defendido claramente su propósito en la vida.

Limitamos a las mujeres, criticamos a los jóvenes, tratamos a una raza o cultura con menosprecio o aun falta de respeto. ¿Qué sucede cuando nuestra cultura permite tal conducta, en el nombre de Jesús, por supuesto? Las personas pierden interés porque pierden de vista porqué están vivos. Y mientras que posiblemente hayamos podido mantener a una generación amarrada a nuestros estándares de las disciplinas eclesiásticas en generaciones pasadas, ya no es tan posible hoy. Dios no tiene nietos. Toda persona tiene que nacer de nuevo y vivir una vida consistente con esa experiencia. Jesús no vino para convertir a personas malas en buenas. Él vino para dar vida a personas muertas. Ese es el Evangelio. Es tiempo de presentar el propósito máximo en la vida: seguir a Jesús de todo corazón.

LA GRAN AVENTURA

La vida en Cristo es la mayor aventura conocida por la humanidad. Cuesta todo. Y los rendimientos son tanto más que los costos que tendemos a olvidarnos. Estar desvinculado de propósito ha causado que muchas personas entren desapercibidamente al campo del enemigo porque al menos les toca involucrarse en su plan, aunque sea oscuro. Es tiempo de que nos reajustemos en nuestro pensar y en nuestros valores, y permitir que las personas sean modeladas por la vida en la gloria: el avivamiento. Es hora de colocar nuestros valores en todavía otro Pentecostés, uno que confronte nuestros conceptos erróneos y que nos reinicie en una dirección a la que todo el Cielo pueda decir amén, y a la misma vez causar que nos maravillemos. Tengo la sensación de que los ángeles han estado aburridos por mucho tiempo. Y están esperando a alguien que viva a tal nivel de riesgo y búsqueda de lo imposible, que por fin tengan algo que valga la pena hacer por nosotros. ¿No es ésta su asignación? Creo que sí.

Larry Sparks hace una declaración profunda en su libro, *Ask for Rain* (*"Pide Lluvia"*): "La agenda de Dios para el avivamiento ... es aumentar el territorio y la jurisdicción del Cielo en la tierra. Siempre que naveguemos el avivamiento correctamente, el estancamiento y la similitud serán imposibles".[23]

Qué declaración más bella. El estancamiento y la similitud serán imposibles. Tan cierto. Necesitamos esta clase de derramamiento que hace que sea imposible que la forma religiosa, en vez de demostraciones auténticas del Reino, more en nosotros. Es tiempo de unirnos, arrepentirnos por nuestras diferencias y prejuicios, y orar hasta que Él venga. Y que escuchemos otro rugido del cielo que emite un sonido de nuestros corazones rendidos sobre nuestras ciudades de tal manera que obligue al incrédulo a venir. Y que no sintamos rechazo por lo que nos ofende de ellos, sino que les ayudemos a descubrir por qué escucharon el sonido en primer lugar: El Padre los está atrayendo a su destino, que comienza con fe en Cristo.

El Espíritu de avivamiento, el bautismo de fuego, eso que Jesús les dijo a Sus discípulos que debían perseguir, es lo que el Padre había prometido. Viene como un regalo por parte de un Padre perfecto y maravilloso, quien solo hace cosas maravillosas, quien solo da buenas dádivas a Sus hijos, *"Toda buena dádiva y todo don perfecto viene de lo alto ..."* (Santiago 1:17). Posiblemente si viéramos al Pentecostés como el día de Navidad definitivo, donde juntos nos reunimos para abrir regalos de parte de un Padre cuyo deleite en nosotros es extremo y generoso, entonces podríamos una

---

23. Larry Sparks, comp., *Ask for the Rain: Receiving Your Inheritance for Revival & Outpouring*, (Shippensburg, PA: Destiny Image, 2016), 41.

vez más ser como niños y recibir lo que Él diseñó para nuestro bienestar y Su gloria.

Estoy agradecido por todo lo que hemos visto y experimentado, pero vivo consciente de nuestra necesidad por una gloria en constante aumento, revelada en otro Pentecostés. ¡¡Más, Señor!!

Capítulo Trece

AVIVAMIENTO, REFORMA Y RENACIMIENTO

Cuando el avivamiento en sí se convierte en nuestra meta, rara vez se obtiene porque se convierte en un ídolo. El avivamiento nunca debe convertirse en un fin en sí, sino un medio para llegar a un fin aun más elevado— la revelación de la gloria del Señor y la extensión de Su Reino.[24]

RICK JOYNER

RENACIMIENTO es probablemente el término más inusual que yo podría usar para describir hacia dónde nos debe llevar la reforma. Es un término positivo para algunos y cuestionable para otros. Existen buenas razones en ambos lados del asunto. Mientras que ese tiempo particular en la historia fue marcado por un gran aumento en el valor que se le daba a la belleza y la vida humana, también describe un período de tiempo que permitió el aumento de impureza y perversión. Como solemos hacer, tendemos a rechazar a personas e ideas si el enemigo encontró una manera de influir con su destrucción. Muchas veces las

---

24. Rick Joyner, *The World Aflame: The Welsh Revival and Its Lessons for Our Time* (Fort Mill, SC: Morningstar Publications, 2013), 29.

personas hasta menosprecian a personajes bíblicos tales como Salomón y Sansón, o personas de historia reciente, cuyas vidas terminaron mal. Pero luego las percepciones que a menudo necesitamos más están escondidas en las vidas que fueron usadas poderosamente por Dios antes de que el pecado o la destrucción las eliminara. Prestar atención a lo que causó sus caídas es sabiduría. Pero solo es totalmente efectivo si estamos conscientes de lo que trajo sus éxitos a los ojos de Dios en primer lugar.

Renacimiento significa "renacer" o "re-despertar" o incluso "re-vivir", en otras palabras, avivamiento. Es una bella palabra que describe cómo la civilización salió de algunos tiempos muy turbulentos y entró más plenamente al precioso diseño de Dios para la vida en familias y comunidades.

Permítame resumir brevemente este período que duró alrededor de trescientos años como una época de Dios. Intentaré hacerlo por medio de "comer la carne y tirar los huesos".

El Renacimiento fue un período apasionado de transformación cultural, artística, política y económica que impactó a todo el continente de Europa. Siguió después de la Edad Media, o como algunos lo llaman, la Edad Oscura, el período que siguió a la caída del Imperio Romano y fue marcado por un deterioro político, económico y cultural. Aunque muchos historiadores creen que el término Edad Oscura no es totalmente apropiado para esa época, bastará en este breve vistazo. La oscuridad –o las tinieblas– de hecho prevalecieron de muchas maneras sobre la sociedad. La vida en familia y el bienestar de la comunidad a menudo quedaron enterrados en caos, principalmente porque se había dejado de valorar la vida humana, ejemplificado por la esclavitud y la brutalidad en general en contra de otros. Aunque hay destellos de luz a lo largo de esa edad, que siempre de alguna manera están conectados con la obra del maravilloso Evangelio, fue un tiempo oscuro por su impacto general sobre la historia. Pero luego algo ocurrió: Un hombre llamado Marcilio Ficino inspiró y dirigió un cambio dramático en un grandísimo número de personas.

Él era sacerdote, teólogo, filósofo, lingüista, entre muchos otros títulos y logros asombrosos. Y aunque él no fue la única voz durante esta etapa tan singular, se le reconoce como un personaje principal. Lo menciono porque su influencia dio lugar a la brillantez y la belleza, a niveles antes no conocidos. Tengo varios libros que contienen sus cartas a otros pensadores contemporáneos de su día, incluyendo a pintores, sacerdotes y otras personas de influencias, Y él fue su inspiración.

Nunca dejo de estar asombrado de cómo una persona puede ser el catalizador de transformación, aun para todo un continente. Tal es el caso de Marcilio Ficino. Mi querido amigo, Richard Chandler, quien es un verdadero estudiante de Ficino, quería ayudarme a entender el impacto de la vida sencilla pero profunda de este hombre humilde, y a la vez ilustrar algo del fruto de su vida (sus "para qué") y cómo podemos aplicar sus revelaciones a nuestras propias vidas. Richard escribió:

> *¿Cómo puede alguien crear su propio Renacimiento? Creo que Finicio fue sumamente intencional en* la forma en que obraba para influir en la cultura (pero no en la Iglesia, que veía todas las ideas como amenazas a su visión del mundo) en las esferas de arte, negocios, filosofía y salud. Estaba preocupado con, y tenía un entendimiento avanzado para su tiempo de, cuerpo, alma y espíritu. [Aun] su amor por la astrología ... a mi manera de ver ... era la forma en que Ficino veía a Dios en todas las cosas, aun en la belleza del sistema solar.
>
> Ficino tradujo a Platón del griego al latín—de lo antiguo a lo nuevo—y con el odre nuevo vino una nueva cosecha de vino; una aplicación a su tiempo y espacio. Platón pudo haber inspirado lo que Ficino pensaba de un universo Dios-céntrico y divino, pero Ficino trajo nuevas

revelaciones. Al hacerlo, pudo sacar a la sociedad de una edad de la Iglesia e ideología monolítica y llevarla a un mundo de creatividad (el Renacimiento). Él no se quedó contento con solo disfrutar de sus revelaciones—trabajó para activarlas dentro de la sociedad. Los "para qué" de Finicio incluyeron:

- Ser mentor de Lorenzo de Medici, también conocido como "Lorenzo el Magnífico" que financió la temporada más creativa del Renacimiento. En la Casa de los Medici, él desempeñó el papel de sacerdote, erudito, consejero, filósofo y médico. Este papel le dio la plataforma para influir en negocios, la política, y las artes. Los Medicis posteriormente financiaron su Academia de Florencia.

- Aconsejar al pintor Sandro Botticelli (pintor de *El nacimiento de Venus* y *Primavera*).

- Establecer la Academia de Florencia para entrenar en el pensamiento filosófico. Su estudiante estrella fue Pico della Mirandola (quien escribió *Oración por la Dignidad del Hombre,* un texto clásico sobre los derechos humanos).

- Influir en los líderes de toda Europa con sus cartas. Sus cartas atestiguan de su don de sabiduría así como su don de palabras.

Richard añadió, "Hay una razón por la que él es el arquitecto "escondido" del Renacimiento. La humildad llevó a la revelación. La revelación llevó al legado.

Entiendo que no todos están interesados en el impacto de Finicio en el Renacimiento, especialmente aquellos que arden por el avivamiento. Y sin embargo, es el panorama mayor del que deseo que todos se den cuenta. Ver cómo es una transformación cultural nos da la habilidad de perdurar más allá de los reflujos y flujos de los moveres de Dios hacia lo que nos da la capacidad de cambiar el mundo. Nunca queremos que la sociedad se sienta cómoda sin Dios. Al contrario, todo lo que hacemos es para despertar al mundo a Su voz, Su propósito, y la razón sobrecogedora por la cual estamos vivos. *Éste* es el verdadero Renacimiento. Y volverá a suceder.

También escribo esto no tanto para promover a un hombre, Finicio, por noble y valioso que sea esa tarea. Escribo esto para despertar a aquellos que tienen los mismos antecedentes que yo para darse cuenta de que hay más. Más, en áreas que nunca antes pensamos posibles. La transformación de la cultura no es meramente convertir a todos en poderosos evangelistas, por maravilloso que eso sería. Más bien es modelar la clase de vida en la tierra según la intención original de Dios. Y ese es el verdadero poder del evangelismo. Atrae a las personas a Cristo.

HUMANISMO

Muchos historiadores han llamado a Finicio un humanista. Pero la palabra humanista, como se usa para describir a Finicio, no significa lo mismo que ahora. El humanista de hoy pelea por una vida sin Cristo en su centro, sin ningún sentido de responsabilidad personal. Para muchos de ellos, las personas son su propio dios, y no existe diseño, propósito o destino más allá de la autorrealización y el autogobierno. Para Finicio, esto era inaceptable. Él elevó el valor de la dignidad humana a su lugar correcto original. Él restauró a las personas a un lugar de dignidad personal y celebró la maravilla intelectual de todo ser humano. Él explicó cuál era la verdad absoluta de la que vivía en su comentario en el *Symposio*. Escribió que la forma más alta de la amistad y el amor humano "es la comunión basada en última instancia en el amor del alma por Dios". [25] Es como si el valor que él le daba a la vida humana y al ingenio hubiera nacido de su relación gozosa con Dios, que solo es posible por medio de Jesucristo. Su forma de humanismo recalcaba la belleza de la humanidad como algo *debido a Dios*, y no *independiente de Dios*. Con eso en mente, imagina a una sociedad donde el amor por las personas, la belleza y todas las expresiones creativas en el comercio, la educación, salud y política se centran en amar bien a Dios. Ese es el verdadero corazón del Renacimiento. Es la celebración de una conexión del corazón con Dios, y a partir de allí tenemos el privilegio de vivir la vida plenamente con diseño y propósito divino. Esto es una responsabilidad. Y toda responsabilidad en su naturaleza implica responsabilidad personal ante Dios. Aun en el amor sabemos que rendiremos cuentas de nuestra vida a nuestro Padre amoroso.

CORDEL DE TRES HILOS

He usado tres términos básicos para describir las variedades, o las expresiones e impactos singulares, de los moveres de Dios: *avivamiento*, *reforma*, y ahora, *renacimiento*. No quiero que estos términos sean demasiado rígidos, en el sentido de que son pasos de progreso, es decir, primero tenemos avivamiento, y luego se convierte en una reforma, etc. Estos términos tampoco deben ser exclusivos, en el sentido de que cada esfera tenga un fruto o resultado específico, como sus similitudes superan sus diferencias.

---

25. Britannica, The Editors of Encyclopaedia. "Marsilio Ficino". Encyclopedia Britannica, 15 Oct. 2020, https://www.britannica.com/biography/Marsilio -Ficino. Accessed 27 January 2021.

Otros grandes maestros, predicadores y autores pueden usar cualquier número de otros términos igualmente significativos para describir lo que estamos experimentando, y el impacto o resultado que se busca en la sociedad. Estos vienen a la mente: Renovación, Transformación, y Gran Despertar. *Renovación* frecuentemente se usa para describir lo que nos prepara para el avivamiento. Tanto *Transformación* y *Gran Despertar* son términos usados para describir el impacto del mover de Dios sobre la sociedad, recalcando nuestros roles de influencia como *sal, luz, y levadura.* Los tres son términos excelentes y útiles y se deben buscar en la oración y práctica. He usado esas palabras en mis propias enseñanzas a través de los años y lo seguiré haciendo. Pero para simplificar mi mensaje para este libro, elegí reducir nuestro tema a tres esferas generales que representan con mayor claridad lo que está en mi corazón. Con eso en mente, veamos otra vez esta idea:

- El avivamiento revela la santidad y el poder de Dios.

- La reforma revela el corazón y la mente de Dios.

- El renacimiento revela la belleza y la maravilla de Dios.

Es mi esperanza que esto se vuelva más y más claro, pero nunca dejamos completamente una esfera para entrar a otra. En última instancia, las tres pueden y deben funcionar a la misma vez. Permíteme decirlo de esta manera, el enfoque más fiable e impactante es que honremos los fuegos de avivamiento, mientras que avancemos en las esferas de influencia de la reforma, al mismo tiempo que crecemos en nuestro acercamiento a la belleza, creatividad y maravilla que se hace posible gracias a la influencia de Su presencia sobrecogedora. En otras palabras, nunca perdemos nuestra necesidad de los fuegos de avivamiento. Si vemos el avivamiento por lo que es a los ojos de Dios, nunca buscaríamos madurar nuestras maneras más allá del avivamiento. Las otras esferas se hacen posible a causa del avivamiento.

Vivir con estas tres realidades firmemente plantadas en nuestros corazones y nuestro estilo de vida es muy parecido al misterio del interés compuesto, que es donde una inversión financiera aumenta exponencialmente, no solo linealmente. Permíteme explicar. Considera por un momento cómo una inversión obtiene ingresos. Y luego, cuando esos ingresos obtenidos permanecen invertidos, tanto la inversión original, como los intereses ganados, aumentan el potencial de ganancias. Este ciclo interminable es una llave para gran aumento en el mundo financiero. Por lo general se le acredita a Albert Einstein esta frase, "El interés compuesto es la octava maravilla del mundo". Esta analogía encaja perfectamente con permanecer involucrado (invertido) en cada una de las esferas siempre crecientes de la gracia de Dios, mientras Él hace Sus maravillas en la Iglesia y en la sociedad. Cada área sigue aportando ingresos (riquezas espirituales y victorias celestiales) y fortalece cada una de estas tres expresiones de la presencia de Dios en el mundo.

UNA INVITACIÓN A APRENDER

Mi ciudad es una comunidad pequeña, y la mayoría de sus habitantes son de raza blanca. Ciertamente, nunca hemos sido un destino internacional. Nuestra cultura, aunque es bella, es muy estrecha en su expresión. Los grandes centros culturales, como por ejemplo la ciudad de Nueva York o Toronto, tienen gran belleza y clase, principalmente por su diversidad. Aunque reconozco que en Redding, la mayoría de las personas son blancas, no es una acusación o queja. Simplemente es el caso. Pero algo bello ha estado pasando aquí por los últimos 15 años, y especialmente en los últimos cinco a diez años. Las naciones nos están invadiendo. Permíteme explicar. Nuestra escuela ministerial ha causado que más de 100 naciones del mundo visiten este pueblo en el norte de California para estudiar en nuestra escuela y llevar la cultura de esta casa de regreso a sus iglesias y ciudades. Qué privilegio ha sido para nosotros. Por lo general, hay alrededor de 70 naciones representadas a la vez por medio de aproximadamente 1000 estudiantes internacionales. Como probablemente te puedes imaginar, ha cambiado el panorama cultural de esta ciudad predominantemente blanca y ahora tiene la belleza de la diversidad como un regalo. La Universidad Simpson, también en Redding, tiene un efecto similar. La familia Bethel no solo ha acogido a las naciones con brazos abiertos; juntos celebramos la originalidad que aporta cada grupo. Me complace decir que nuestra ciudad ha acogido a la diversidad de las razas y culturas de las naciones también. Y nos hemos enriquecido como resultado.

Cada año tenemos lo que llamamos el Festival de las Culturas, en el cual muchas naciones representadas en nuestra escuela ponen puestos para exhibir la belleza de su nación por medio de retratos, banderas y objetos culturales. Los estudiantes de esa nación también preparan alimentos tradicionales para que los probemos. Tengo que decir que es uno de los eventos más especiales del año, al cual más de 1500 personas asisten con alegría.

EL ARTE NO ES LA META

Dejemos algo muy claro: Sería una insensatez darle más importancia al arte del renacimiento que a las almas cambiadas en avivamiento. Eso sería un desplazamiento de prioridades. Pero de la misma manera en que el arte en una casa no es más importante que las paredes o los cimientos, sigue siendo el arte lo que revela los valores y la naturaleza del dueño. Nunca fue la intención que fuera una elección entre el uno o el otro. Ganar almas para Cristo es la prioridad. Pero la belleza ha de decorar los pasillos del viaje. Prioridades desplazadas, como dar más importancia al arte que a las almas, ha causado que muchos ignoren o devalúen estos elementos aun cuando están en su lugar legítimo. Debido a los errores de otros, muchos temen equivocarse, más que ven el beneficio de hacer y captar las cosas bien.

En una ilustración inusual de este concepto, Israel tomó la serpiente de bronce que Moisés había hecho y la adoró. Esa serpiente había sido una herramienta que Dios usó para sanidad en el desierto. Fue un regalo de Dios. Pero cuando la adoraron, la exaltaron más allá de lo que había sido la intención de Dios, y llegó a ser una trampa para ellos. Y Ezequías la destruyó.

> *Quitó los lugares altos, derribó los pilares sagrados y cortó la Asera. También hizo pedazos la serpiente de bronce que Moisés había hecho, porque hasta aquellos días los israelitas le quemaban incienso; y la llamaban Nehustán* (2 Reyes 18:4).

Así es con muchas cosas en el Reino. La eternidad con Dios, por medio de la salvación en Jesucristo, es preeminente. Pero hay otras áreas de importancia que se tienen que abrazar y disfrutar como partes de esta vida de salvación. Jesús nos enseñó a honrar a nuestro padre y a nuestra madre. Pero luego dice que quienes aman a su padre o madre más que a Él no son dignos de Él. Cada regalo de Dios, desde cónyuges y familia, a empleos, provisiones, y favor, todos tienen el propósito de asistirnos en nuestra travesía afectuosa de amar a Dios bien. Cada elemento es para recordarnos de Su bondad y Su favor sobre nosotros. Cada uno, en su debido lugar, realza nuestra relación con Dios. Fuera de lugar, socava esa misma relación.

Exaltar el arte, el comercio, la política y parecidos por encima de la salvación de las almas, es insensato en el mejor de los casos. Pero la salvación debe parecerse a algo. Me doy cuenta de que para muchos, ser ganadores de almas es lo que debe ser la vida del convertido. Pero hay más. Dios es el mejor cocinero, costurero, actor, empresario, músico, granjero, médico, abogado, y la lista sigue. El punto es, cuando entramos a nuestro diseño y propósito, lo revelamos a Él. Nuestras ciudades deben estar llenas de la alegre presencia de personas que han encontrado su propósito. Tal vida declara el pacto, la naturaleza y la presencia de Dios a toda persona que escuche. Este encuentro divino está disponible para todos los que nos conocen. Es el mensaje que invita a las personas a una relación con Dios, donde la vida en el mundo tiene sentido y está llena de propósito, destino y aventura.

EL VALOR DE LA BELLEZA

En su libro, *La belleza salvará al mundo*, su autor Brian Zahnd repite una historia importante de la historia de la Iglesia la cual menciona en su Preludio. Hace mil años, el príncipe Vladimir el Grande estaba buscando una religión nueva que pudiera unir a su pueblo. Aunque él era pagano, reconocía que la espiritualidad podía unir a su pueblo en un lazo común. Envió delegaciones a países vecinos para examinar sus religiones y el efecto en sus vidas. El que envió a examinar el cristianismo fue a la capital bizantina de Constantinopla. Aquí encontramos su informe:

> Luego fuimos a Constantinopla y nos llevaron a un lugar
> donde adoran a su Dios, y no podíamos saber si estábamos
> en el cielo o la tierra, porque en la tierra no existe tal visión
> ni belleza, y no sabemos cómo describirlo, solo sabemos

que Dios habita entre los hombres. No nos podemos olvidar de esa belleza.

Éste es un testimonio del poder de la belleza. Las palabras de estos delegados fueron en respuesta a la adoración de los cristianos a Dios y a la belleza estética de sus entornos que habían creado para honrar a Dios. Esta belleza ganó sus corazones. Los paganos se sintieron atraídos por Dios porque había una generación a quien se le había dado la libertad de crear belleza dondequiera tuvieran influencia. Este don de expresión creativa tiene como propósito revelar la naturaleza de Dios. Y como tal, lo revela a Él y tiene un efecto en la consciencia de las personas del corazón de Dios.

¿QUÉ ESTABA PENSANDO DIOS?

Dios tiene maneras muy diferentes de abordar los problemas que como lo haríamos nosotros. Sus soluciones revelan Su percepción singular del mundo invisible, al mismo tiempo que nos coloca en un lugar de tener que confiar en Él completamente. Aquí vemos algunos ejemplos fascinantes:

- Dios hizo que los músicos y los cantantes fueran por delante en camino a la guerra. (Ver 2 Crónicas 20).

- Dios usó instrumentos musicales (tamborines y arpas) para traer destrucción al enemigo. (Ver Isaías 30:32.)

- Dios hizo que Moisés levantara sus manos para que Israel ganara una guerra. (Ver Éxodo 17:11).

- Dios dijo que un grito de júbilo sanaría la esterilidad. (Ver Isaías 54:1)

- Dios usó el almuerzo de un muchacho para alimentar a miles. (Ver Juan 6.)

Por supuesto, la Biblia está llena de tales historias. Qué divertido es ver estas realidades revelar la lógica de Dios. Él piensa de manera diferente porque ve completamente. Él ve el comienzo desde el fin. Él ve las esferas invisibles con más claridad que nosotros vemos lo visible. Todas las leyes de la esfera invisible vienen de Su naturaleza y habilidades. Las historias de las Escrituras nos hacen recordar que Él frecuentemente usa cosas que nosotros no consideraríamos lo suficientemente poderosos para exhibir Su poder. No puedo pensar de muchos más ejemplos que sean más extremos en demostrar esa verdad que el siguiente:

Después alcé mis ojos y miré cuatro cuernos. Y dije al ángel que hablaba conmigo: «¿Qué son estos?». «Estos son los cuernos que dispersaron a Judá, a Israel y a Jerusalén», me respondió. Entonces el Señor me mostró cuatro artesanos. Y dije: «¿Qué vienen a hacer estos?». Y él respondió: «Aquellos son los cuernos que dispersaron a Judá, de modo que nadie ha podido levantar la cabeza; pero estos artesanos han venido para aterrorizarlos, para derribar los cuernos de las naciones que alzaron sus cuernos contra la tierra de Judá para dispersarla» (Zacarías 1:18-21).

Aquí vemos un conflicto espiritual entre los poderes de las tinieblas y el pueblo de Dios. Los cuernos representan fuerza y autoridad en las Escrituras. Esta profecía revela que cuatro esferas de poder o autoridades se levantarán en la tierra para dividir y destruir al pueblo de Dios. El número cuatro frecuentemente representa al mundo, o la esfera natural tal como la conocemos, como en las cuatro direcciones en un compás, norte, sur, oriente y accidente, como en la frase, *las cuatro esquinas de la tierra*. Las cuatro entidades espirituales de las cuales habla Zacarías llegan a tener éxito en sus intentos de destruir, dispersando, al pueblo de Dios. Este es un asalto directo a la vida comunitaria familiar, que es la base de cómo se demuestra nuestra identidad.

El impacto de estos seres espirituales es devastación y es global (como el número cuatro representa *por toda la tierra*). Pero luego, Dios tiene una respuesta a este problema, que es también global, representada nuevamente por el número cuatro. Su plan era levantar y enviar a cuatro *artesanos*. No creo que se esté refiriendo a cuatro individuos así como los cuatro cuernos mencionados tampoco son solo cuatro personas. Mas bien representa un movimiento global, o aun una *gracia* que viene del pueblo de Dios, que a su vez abarca a todo el mundo. Esta palabra, artesanos, habla de una esfera mundial de expresión creativa que es ungida por Dios para contender con fuerza contra los poderes de las tinieblas que están buscando matar, robar y destruir. Asombroso. Primero fueron los coros enviados a la batalla, y ahora se usan expresiones creativas para destruir los poderes de las tinieblas y los planes del maligno. Posiblemente podamos ver a través de este valor divino por qué los poderes de las tinieblas siempre tratan de mantener al pueblo de Dios con temor y ansiedad. Estas cosas guerrean contra las expresiones creativas que Dios pretende que fluya por nosotros. Y el diablo no quiere que la naturaleza creativa y gozosa de Dios se vea a través del pueblo de Dios. Tal demostración de quién es Dios, y cómo es, automáticamente se extenderá a las naciones del mundo. El hambre de tales cosas viene del vacío en la consciencia de la humanidad de la bondad de Dios.

Es normal que nos preguntemos cómo pudo Dios hacer que las expresiones creativas del pueblo de Dios fueran sobrenaturalmente poderosas. Considera esta imagen que nos da el profeta Isaías.

Y cada golpe de la vara de castigo
Que el Señor descargue sobre ella,
Será al son de[c] panderos y liras;
Y en batallas, blandiendo armas, Él peleará contra ellos
(Isaías 30:32).

Absolutamente me encantan versículos como éstos. Desafían mi razonamiento, que necesita ser desafiado. Él piensa de manera totalmente diferente que yo, y yo soy quien necesito cambiar. La realidad es redefinida en momentos como estos, al ver los efectos del mundo invisible sobre el visible. Lo que es asombroso para mí en este pasaje es que nosotros somos lo que estamos tocando el instrumento musical, mas es como si fuera Dios el que estuviera tocando. Él usa nuestros esfuerzos rendidos que se ilustran en obediencia, y hace que sean sobrenaturalmente efectivos en contra del enemigo. Esta imagen es del Señor castigando a los poderes de las tinieblas con cada rasgueo del arpa o cada golpe en el tamborín. Es Su asociación con nosotros lo que hace que lo que hagamos sea poderoso.

Los poderes que habían debilitado al pueblo de Dios a través de la dispersión se tratan a fondo a través de la influencia de los artesanos, que toman su lugar en la sociedad. ¿Es posible que el arte, la belleza, y la alegría correspondiente tengan esta clase de impacto sobre el mundo invisible de hoy? Pienso que sí. Dios nos está restaurando a los estándares del Renacimiento, donde se restaura la vida humana a su gran valor. Esto es y será medible al acabar con el aborto, la esclavitud, el racismo, el tráfico sexual, etc.

Va más allá de los delitos obvios que un criminal trae a la sociedad y recupera un valor en la rehabilitación potencial del preso. A partir de allí nuevamente son liberados a la sociedad para ser un contribuyente, no un destructor. ¿No se incluye esto en el anuncio de para qué vino Jesús? ¿No es esa Su propia descripción de cómo es la unción del Espíritu Santo cuando descansa sobre el Hijo de Dios? Los prisioneros son liberados, los ciegos ven, y los quebrantados de corazón son sanados. Este es el momento exacto donde el profeta anunció que las ciudades deben ser restauradas a la belleza y función. Y aquí es donde los más quebrantados entre nosotros se convierten en los trofeos de la gracia de Dios, quienes Él entonces usa para volver a levantar a las ciudades destruidas donde ellos antes vivían para desestabilizar. Éste es el corazón, el plan y la promesa de Dios. Como tal, debe tener influencia sobre el valor que le ponemos a las personas, la belleza, la vida comunitaria, y nuestra propia expresión singular es la asignación que hemos recibido en la vida.

JESÚS, LA TEOLOGÍA PERFECTA

Lee estos versículos cuidadosamente. Es muy posible que nos hemos familiarizado con ellos demasiado y ya no nos asombra su significancia. Describen la unión de estas tres esferas, tres movimientos, y estas tres áreas de legado en Dios: el avivamiento que revela santidad y poder, la reforma que nos presenta el corazón y la sabiduría de Dios, y el renacimiento, que nos restaura a la belleza y maravilla. Y todo esto se encuentra en la persona de Jesús, quien describió el maravilloso impacto del Espíritu Santo que descansa sobre Él. ¿Debemos esperar algo menos cuando Él descansa sobre nosotros>

El Espíritu del Señor Dios[a] *está sobre mí,*

Porque me ha ungido el Señor

Para traer buenas nuevas a los afligidos[b].

Me ha enviado para vendar a los quebrantados de corazón,

Para proclamar libertad a los cautivos

Y liberación a los prisioneros[c]*;*

Para proclamar el año favorable del Señor,

Y el día de venganza de nuestro Dios;

Para consolar a todos los que lloran,

Para conceder que a los que lloran en *Sión*

Se les dé diadema en vez de ceniza,

Aceite de alegría en vez de luto,

Manto de alabanza en vez de espíritu abatido;

Para que sean llamados robles[d] *de justicia,*

Plantío del Señor, para que Él sea glorificado.

Entonces reedificarán las ruinas antiguas,

Levantarán los lugares devastados de antaño,

Y restaurarán las ciudades arruinadas,

Los lugares devastados de muchas generaciones.

(Isaías 61:1-4).

La conclusión más maravillosa a esta porción de las Escrituras es que las ciudades que han estado en ruinas por muchas generaciones son restauradas a la belleza, el orden y la vida. Éste es un milagro tan grande como cualquier otra vista en las Escrituras. Y es realizada por las personas que habían sido las más quebrantadas y despreciadas por sus propios problemas —prisioneros. Los efectos de la obra del Espíritu Santo, por medio de milagros, la política, así como las esferas de belleza y diseño; todos obran para revelar a Dios. Al descubrir a Dios—Su naturaleza, presencia y pacto—descubrimos que estamos vivos, y que podemos contribuir a la historia integral de la humanidad en el planeta Tierra.

Es muy importante reconocer que el toque de belleza en la vida no descansa sobre los hombros de pintores, artistas, arquitectos y músicos solos. El arte, en el sentido muy real del Reino, es la manera en que nos acercamos a la vida misma. Hay expresiones singulares y formas creativas de hacer cosas a las que los contadores, médicos y abogados tienen acceso. Los papás y las mamás que se dedican al hogar también pueden tener acceso a las ideas creativas que convierten a la vida en una aventura. Si hay algo que se conoce de los niños, es su amor por la aventura. Y la madurez para nosotros es ser como niño. Todo esto habla de toda la esfera de aventura y creatividad que se debe asociar con seguir a Cristo.

LA VIDA HUMANA 101

Restaurar el valor de la vida humana es uno de los efectos de la gracia o unción del Renacimiento. Todas las manifestaciones de las gracias de Dios se deben poder detectar por medio de resultados medibles. Por ejemplo, nuestro amor por Dios se debe medir en nuestro amor por las personas. Odiar a las personas y amar a Dios es una contradicción. Es imposible. El valor que se la da a la vida humana cambia en avivamiento, reforma y renacimiento. Otra forma de decirlo es que el valor de la vida humana cambia bajo el pleno efecto del Evangelio.

Los que no han nacido: El aborto es el equivalente al sacrificio de niños al dios Moloc. Porque ha existido por mucho tiempo, nos hemos acostumbrado a ello. Incluso muchas personas que se oponen a ello por principio ya no están horrorizadas. Tenemos un **mandato** de defender la justicia bíblica, que es defender a los que no tienen voz. Y ningún grupo tiene menos voz que los que no han nacido. El Renacimiento, en su forma purista, cambia este asunto de un asunto político a uno moral. Cuando la vida se valora y celebra, ya no buscamos maneras de beneficiarnos de la pérdida de otros, como es el contexto conveniente de abortar a un niño quien entonces ya no hará exigencias sobre la vida de una persona.

Tráfico sexual: Es extraño cómo el tráfico sexual ha llegado a ser tan común y cuán ignorantes somos como sociedad ante esta travestía. Nuestra insensibilidad a este problema es el resultado de que el discernimiento que Dios nos ha dado ha muerto, debido la sexualización de todo; desde la pasta de dientes a los autos, a la dieta diaria de pornografía leve en el programa promedio de televisión. Lo que antes era fácil de reconocer se ha hecho más y más difícil de detectar. El enemigo ha patrocinado un esfuerzo total de culturalizar a la Iglesia para hacernos relevantes. El pecado y la mente no renovada solo nos hace relevantes a la cultura de las tinieblas. Lo que se presenta en el entretenimiento que ahora se ha vuelto aceptable nos ha costado caro.

Los pobres: Tenemos múltiples reacciones al cuidado de los pobres, por lo general basadas en experiencia y programas del gobierno que han fracasado. En mis círculos, todos quieren cuidar a los pobres. Nadie los quiere dejar en la pobreza. Pero la pregunta es, ¿cómo resolvemos el problema? Tirar dinero al problema no lo va a solucionar. Pero tampoco se va a solucionar si no damos dinero para la solución. Mi versículo favorito sobre el tema se encuentra en Proverbios 13:23 (NVI):

> *En el campo del pobre hay abundante comida, pero esta se pierde donde hay injustici.a*

La abundancia está dentro del alcance de los pobres. Pero la injusticia interfiere con su proceso para obtenerla. La injusticia afecta su siembra y cosecha y el conocimiento dado por Dios para hacer riquezas. La justicia rara vez se inicia por sí sola. Tiene que ser promovido por otro a favor de ellos. Por esta razón, la pobreza es el problema de todos, no solamente del gobierno.

Los ancianos: En vez de solo tolerar a las personas que ya no son productivas o que ya no pueden contribuir a la sociedad, honra y celébralos porque sus vidas han preparado el camino para nuestro éxito. El honor es fundamental, lo cual es difícil para las sociedades que determinan el valor de las personas basado en lo que generan a través de su éxito. La respuesta no es otro programa del gobierno. La respuesta es el valor que tenemos en aquellos que se han gastado para el bien de esta generación. Nuestro compromiso es de trabajar para la calidad de vida de los que no pueden contender por sí mismos.

Los afligidos: Esta área cubre a los enfermos, los que tienen problemas físicos y los mentalmente deficientes. No es una carga para la sociedad cuidar a los que no se pueden cuidar a sí mismos. Es un honor. En vez de drogarlos más allá de la coherencia, tenemos el privilegio de encontrar una forma de cuidar a los que no so capaces de proveer para sí mismos y traerles la mejor calidad de vida que la persona en cuestión es capaz de disfrutar.

> *Denle bebida fuerte al que está pereciendo,*
> *Y vino a los amargados de alma.*
> *Que beba y se olvide de su pobreza,*
> *Y no recuerde más su aflicción*
> (Proverbios 31:6-7).

Obviamente, este versículo no está aprobando el alcoholismo o la ebriedad. Al contrario, es una declaración de la responsabilidad privilegiada para cuidar a los que se están muriendo y a los amargados (descontentos) del alma. Es lo que hacen los reyes. Es lo que naturalmente hacemos para otros cuando no nos estamos peleando por nuestra propia identidad y posición en la vida. Éstas realmente son las expresiones de una cultura de confianza en el propósito divino y la afirmación del valor del individuo.

Razas y culturas: La diversidad es hermosa. Es necesaria. De hecho, mi enfoque es que sin diversidad, no puede haber unidad bíblica. Cada raza y cultura debe ser celebrada. El racismo es perverso. Es demoniaco desde su base. Tratar a las personas con deshonra debido al color de su piel es insensatez absoluta. Convertir esa deshonra en violencia es barbárico e inhumano. En Cristo tenemos el privilegio y la responsabilidad de oponernos al racismo en todas sus formas y defender a los que han sufrido bajo su peso. A veces, tomarnos el tiempo para escuchar la historia de otro nos ayuda a comprender el origen de su postura y el porqué de sus reacciones a problemas civiles. Mi papá solía decirnos, "Cuando lavas los pies de otro, te enteras de por qué caminan de la manera que lo hacen". Esto es brillante y cierto.

Misceláneo: Hay muchos otros grupos de personas, etnias y áreas de la vida que merecen mención en este contexto. Nunca fue mi intención que esta lista fuera completa. Es una lista de muestras que representa la naturaleza del impacto que la gracia del Renacimiento ha de tener sobre el mundo en nuestro derredor. Ésta es la belleza del Renacimiento.

Esto nos trae al fundamento del Renacimiento: La rectitud y la justicia. Todo lo que se ha mencionado arriba se convierte en una expresión exitosa en la sociedad si hay estos dos elementos. Piensa acerca de esto conmigo. El Renacimiento tiene todo que ver con belleza, diseño y la restauración del valor de la vida humana a la sociedad. A mi manera de ver, el Renacimiento tiene todo que ver con libertad: La libertad de llegar a ser todo según la intención de Dios y la libertad de expresar todo lo que Dios ha puesto dentro de nosotros. En una ocasión escuché decir que, "La libertad no es poder para hacer todo lo que quiero. La libertad es la habilidad de hacer lo que es correcto". Esa es la verdadera libertad, sin duda. La libertad es la gracia de llegar a ser y explorar por medio de una pasión como de niño por la aventura. La rectitud y la justicia son el fundamento del trono de Dios y de todo trono en la tierra que ha de tener un impacto duradero y vivificante.

EL CONFLICTO

No conozco de ningún líder en la Iglesia que no se alegre en la visión cumplida de las personas a las que sirven. Posiblemente sea el amigo con un restaurante nuevo que está lleno de gente cada noche. O posiblemente sea la madre soltera que ha encontrado un departamento más cerca a su trabajo. Y luego está el atleta profesional que firmó un contrato significativo nuevo que trae bendición a su familia y más. Y mientras que la aplicación de este concepto es diferente en las aldeas de África o las favelas en Brasil, la emoción de los líderes espirituales por el incremento y la bendición de otros sigue siendo la misma.

Si bien el concepto de progreso o promoción es aceptable para los individuos a quienes servimos o aun en la vida de una iglesia, rara vez se piensa que sea parte de nuestra comisión por parte del Señor para las ciudades y las naciones. [26] Por alguna razón, se considera que la paz y bendición a nivel nacional son el resultado de una narrativa falsa que viene del anti-Cristo o alguna otra esperanza falsa para el mundo. Por esta razón, las personas que tienden a caminar en el mayor poder y tienen

---

26. Abordo este tema mucho más ampliamente en mi libro, *Born for Significance* (Lake Mary, FL: Charisma House, 2020).

la oportunidad de tener el mayor impacto sobre la humanidad suponen que es un error tener la esperanza de paz duradera para una generación. Tal esperanza parece guerrear en nuestras mentes con un deseo legítimo del regreso del Señor.

Mi amigo y asociado, Kris Vallotton, ilustra este desafío brillantemente:

> Lo que creemos acerca del fin afecta mucho *cómo nos comportamos en medio. Por ejemplo, digamos que yo tengo un Chevy de 1955 y tú tienes un taller que restaura automóviles. Imagina que llevo mi auto a tu taller para que lo reconstruyas* totalmente y te informo que el dinero no es ningún problema. Pero a mitad del proyecto de restauración, te enteras de que, después de que completes el proyecto, voy a inscribir a mi viejo Chevy en el derby donde destruyen intencionalmente a los automóviles. ¡Esa información definitivamente va a afectar la calidad de tu trabajo!
>
> De la misma manera, cualquier persona razonable debe poder descubrir que su perspectiva acerca del final de los tiempos puede afectar dramáticamente la calidad de su vida diaria. Nuevamente, Isaías profetizó que el Espíritu del Señor nos ha ungido para ver libertad y restauración en la vida de las personas y describió cómo su restauración personal resultaría en la reedificación de ciudades y naciones. Escribió, "Entonces reedificarán las ruinas antiguas, Levantarán los lugares devastados de antaño, Y restaurarán las ciudades arruinadas, Los lugares devastados de muchas generaciones" (Isaías 61:4). Es difícil sentirse empoderado para restaurar ciudades arruinadas y a la misma vez creer que la condición del mundo necesita deteriorarse para que

Jesús regrese. ¿Puedes ver que nuestra escatología más bien está obrando en contra de nuestro ministerio?[27]

LA ESPERANZA, NUESTRO MANDATO ETERNO

Sin esperanza, somos personas que dan lástima. Seguimos rutinas religiosas, queriendo que algo bueno suceda como resultado. La esperanza, por el otro lado, está anclada en la Palabra de Dios. Se basa en Su naturaleza que se manifiesta en el pacto que hizo con Su pueblo. Posiblemente esto sea porqué la palabra usada en las Escrituras es "la anticipación gozosa de algo bueno". Por naturaleza, la esperanza crea el contexto dentro del cual la fe funciona. Cuando vivimos alimentados por tal esperanza, nos volvemos infecciosos. Y si hay algo que la gente está queriendo en este tiempo, es una razón para tener esperanza. Nosotros, el pueblo de Dios, hemos de ser las personas más llenas de esperanza en la tierra. Nuestra esperanza no es esperanza en la humanidad. No es esperanza en nuestros dones personales o nuestra visión. Es esperanza en los propósitos de Dios, revelados en y a través de Su pueblo. Ésta es nuestra hora de mantenernos firmes, dándonos cuenta de que, *"De tal manera amó Dios al mundo, que dio a su hijo unigénito"*. Él es el fundamento de toda esperanza. Posiblemente vivir bajo la influencia de Su corazón y mente nos haga las personas de influencia que Dios diseñó en primer lugar. Ésta es nuestra hora. *"Levántate, resplandece, porque ha venido tu luz"* (Isaías 60:1).

---

27. Kris Vallotton, *Heavy Rain: Reforming the Church to Transform the World* (Regal, 2010).

Capítulo 14

UN HOMBRE MADURO

¡El avivamiento es la llegada de Dios! Y aunque nos regocijamos en lo que ya hemos recibido en la provisión de Cristo, aun anhelamos la capacitación completa ... (de parte de) los cinco ministerios que nos traerán a la maravilla vivencial de la plenitud del Hijo de Dios.[28]
LOU ENGLE

*É*STE *es el último capítulo de Cielos Abiertos.* Y por extraño que parezca, quiero concluir este libro sobre el avivamiento en un lugar inusual: la maravilla, la belleza y la madurez planeadas para todo el Cuerpo de Cristo. Un hombre maduro es la descripción bíblica de la Iglesia que recién he descrito. Presenta al Cuerpo de Cristo de una manera que todos desearíamos, pero que de ninguna manera podemos hacer que suceda. Con el paso de cada año, parece más y más imposible. Y sin embargo, es real, porque es el corazón de Dios. Y porque Él lo declaró, es posible.

La Biblia crea una imagen de la Iglesia de los últimos días que está en un lugar de madurez en unidad, pureza, fortaleza y función. Honestamente,

---

28. Prólogo por Lou Engle para Larry Sparks, comp., *Ask for the Rain* (Shippensburg, PA: Destiny Image Publishers, 2016) 9.

lo que Dios tiene en mente va más allá de lo que cualquiera de nosotros tendríamos la inteligencia para pedir.

Conozco a muy pocos pastores y líderes que creen que esto sucederá antes de que Jesús regrese. Y aunque es imposible para nosotros, no es imposible para Él. La idea de que esta clase de madurez podría ocurrir en la eternidad o el milenio revela que tenemos más fe en el retorno de Cristo que en el poder del Evangelio. Y eso no es nada de lo cual enorgullecernos. Espero infundir esperanza en Su plan, proceso y capacidad para hacer que suceda.

ABRAZA EL PROCESO

El proceso para este logro imposible es uno que podemos disfrutar y celebrar ahora. Dios creó un método para realizar este sueño, deseo o conclusión. Es la función de los cinco ministerios o dones ministeriales. Es simple. Es profundo. Funcionará.

> *Él dio a* *algunos el ser apóstoles, a otros profetas, a otros evangelistas, a otros pastores y maestros,* ***a fin de capacitar*** *a los santos para la obra del ministerio, para la edificación del cuerpo de Cristo;* ***hasta que*** *todos lleguemos a la unidad de la fe y del pleno conocimiento del Hijo de Dios, a la condición de un* ***hombre maduro****, a la medida de la estatura de la* ***plenitud de Cristo*** (Efesios 4:11-13).

Lo que hace que este pasaje sea difícil para que la Iglesia lo acepte y crea es que a menudo vivimos en reacción a lo que hemos visto que se ha usado mal: en este caso, títulos inapropiados, junto con la autopromoción. Estoy seguro de que todos nosotros estamos colmados de personas que se autonombran apóstoles, profetas, o lo que les suene elevado. Y sin embargo, estos oficios todavía existen, de acuerdo con la voluntad y el diseño de Dios, el Creador perfecto. Su valor y significancia son cada vez más claros, ya que el resultado del cual habla Pablo no se puede lograr de ninguna otra manera. Estas percepciones fueron dadas por el apóstol Pablo a la iglesia conocida por el avivamiento (Hechos 19) y conocida por su sabiduría y gran madurez. (Ver Apocalipsis 2:2-3.) En otras palabras, esta instrucción fue dada a un pueblo que ya vivía en la esfera de la gloria, que es vida en el avivamiento. Él hizo esto para equiparlos con sabiduría para ir al siguiente nivel.

Cada uno, apóstol, profeta, evangelista, pastor y maestro llevaba un aspecto del ministerio personal de Jesús para el beneficio de la Iglesia, que consiste de personas. A mí personalmente no me importa que me den un título o no. Pero sí quiero funcionar en lo que creo que es el llamado de Dios para mi vida. Sí me parece un tanto humorístico ver la reacción de las personas a un individuo con el título *apóstol*, mientras que nadie reacciona al título *pastor*. El término u oficio de pastor rara vez se menciona en las Escrituras mientras que la palabra apóstol(es) se menciona más de 70 veces. Puede que necesitemos superar nuestros prejuicios y/o temores para ir a dónde Él quiere que vayamos.

¿He visto a personas pretender que son apóstoles cuando no lo eran? Sí, definitivamente. Pero honestamente, he visto a más personas que pretendían ser pastores, que no lo eran. En vez de preocuparnos por los títulos y tales, consideremos la función completa y apropiada de estos cinco dones que han de ser la *salsa secreta* de la receta de Dios para la transformación. Es en el papel de estos cinco que vemos una representación más completa del corazón y la voluntad de Dios para Su pueblo, y por medio de ellos afectaremos al planeta Tierra.

DESCUBRIENDO POR QUÉ

Cada uno de estos dones/ministerios debía equipar a los santos a cumplir la obra del ministerio según lo que Jesús había modelado. Todas las áreas del ministerio debían ser llevadas a cabo por los miembros de la iglesia. Cada uno de los papeles diferentes, desde lo profético hasta lo evangelístico, hasta el cuidado amoroso del pastor por sus ovejas, y más allá, debía fluir naturalmente porque las personas estaban completamente capacitadas para hacerlo y hacerlo bien. Este proceso de vivir en el fluir de la vida de Cristo por medio de nosotros era un ejercicio que daba lugar a la edificación del Cuerpo, que es la Iglesia. El efecto en todos nosotros es la misma forma en que un levantador de pesas forma músculos en su cuerpo por medio del ejercicio. Este proceso de aprender lo que el Padre está haciendo, y decir lo que Él está diciendo es el ejercicio máximo en la verdadera espiritualidad. No sucede en lugar de perseguir nuestra relación personal con Jesús, sucede a causa de ello. Este estilo de vida nos presenta al Dios de lo imposible y nos lleva a un lugar vital de confianza, si en verdad vamos a donde este pasaje, Efesios 4:11-13, promete. Nuestra función correcta en la vida es perfeccionar y fortalecer a la Iglesia en fe, unción, y capacidad de impactar al mundo en su derredor. Imagina a Cristo, multiplicado por millones llamados cristianos, quienes están teniendo un impacto en el mundo que los rodea por medio del servicio fiel en poder y pureza como lo hizo Jesús. Ese era el plan, y eso es lo que nos permitió hacer por medio de los cinco ministerios de Jesús fluyendo a través de las personas.

LA GRACIA HACE
QUE LO IMPOSIBLE SEA POSIBLE

Para beneficiarnos completamente de este capítulo concluyente, necesitamos tener una comprensión un poco mejor de la gracia. Ver a la gracia correctamente nos ayudará a enfocar nuestra atención y nuestros esfuerzos hacia la utilización de un don profundo que está justo delante de nosotros la mayor parte de nuestras vidas, aunque con demasiada frecuencia vivimos inconscientes de ello.

La mayoría de nosotros conocemos la palabra gracia por esta definición común pero hermosa, "el favor no-merecido de Dios". Esta explicación es absolutamente cierta, y debe ser celebrada como tal. Pero esa definición es también incompleta. Pablo nos da un entendimiento mayor de esta palabra al usarla en Efesios cuando se describe a sí mismo y sus responsabilidades.

> *Fui hecho ministro, conforme al don de la gracia de Dios que se me ha concedido según la eficacia de Su poder. A mí, que soy menos que el más pequeño de todos los santos, se me concedió esta gracia: anunciar a los gentiles las inescrutables riquezas de Cristo, y sacar a la luz cuál es la dispensación[a] del misterio que por los siglos ha estado oculto en Dios, creador de todas las cosas. De este modo, la infinita sabiduría de Dios puede ser dada a conocer ahora por medio de la iglesia a los principados y potestades en los lugares celestiales* (Efesios 3:7-10).

Si examinamos estos pocos versículos, podemos ver que hay dos beneficios, o efectos, de la gracia que nos pueden ayudar a cumplir nuestros destinos en Cristo. El primero es en el versículo 7, donde dice que él fue hecho ministro conforme al don de la gracia. Para decirlo de otra manera, Pablo fue convertido en algo según el don de la gracia. Este proceso me hace pensar en las manos de un alfarero, dando forma al barro. La gracia le dio forma; se convirtió en la expresión de las manos de Dios al dar forma a quien Él diseñó a Pablo para ser. La gracia da forma a nuestro destino, porque nuestro destino solo es posible a causa del favor. Pero el segundo versículo agrega otra visión para nuestras vidas que se está volviendo más y más esencial: Para Pablo fue la gracia lo que lo capacitó a predicar. Otra manera de decirlo es que la gracia lo capacitó para funcionar en su asignación.

La gracia crea identidad para nosotros, y la gracia nos capacita para *funcionar* en nuestra asignación. Lo que llegamos a ser y cómo debemos vivir son moldeados e inspirados por gracia. La *gracia* es "la presencia habilitante de Dios".

¿Cómo y por qué importa esto cuando hablamos de los cinco ministerios? Porque la clave a este proceso se revela en Efesios 4:7: "Pero a cada uno de nosotros se nos ha concedido la gracia conforme a la medida del don de Cristo". Los dones de Cristo son los cinco dones ministeriales. La presencia capacitadora de Dios llamada gracia, que los miembros del Cuerpo reciben para este destino humanamente imposible, en parte viene por medio de estos dones. Si no recibo de los dones que Dios ha puesto en mi vida, entonces me perderé el nivel de identidad y capacitación que Él tenía para mí.

Hay tres maneras, según mi entendimiento, para recibir la gracia. La primera es directamente del Señor en nuestra relación con Él. La segunda es por parte de miembros del Cuerpo, como en Efesios 4:29. Pero el tercero, y es el tema de este capítulo, es a través de aquellos que han sido asignados por Dios para funcionar como apóstol, profeta, evangelista, pastor o maestro. Estos son oficios, asignados por Dios, que existen para una función en particular. Toda persona puede profetizar, pero no todos son profetas. Todos deben hacer la obra de un evangelista, pero no todos son evangelistas, etc.

Los dones de Cristo equipan a los santos con gracia. Pero se hace según la medida del don de Cristo. En otras palabras, ¿cuál es la medida del nivel

de influencia que tienen los cinco ministerios en la vida del creyente promedio? La medida del nivel de influencia que Sus dones tienen determina la
medida de gracia en la cual vivimos. Lo veo como combustible. Quiero que
mis tanques de combustible estén llenos para la travesía que Él ha asignado
para mí. Por ejemplo, algunas personas solo escuchan a y reciben de evangelistas. Eso significa que tendrán la fuerza en sus vidas para esa área particular
de ministerio, pero serán menos capaces de funcionar en otras áreas de vida
que son requeridas si verdaderamente vamos a representar a Jesús.

Aquí hay una definición sencilla de la gracia dada por los dones de
Cristo:

> La gracia del apóstol habilita al creyente a ver los planos del
> Cielo en cuanto a cómo vivir nuestra vida de una manera
> que impacte la cultura.
>
> La gracia del profeta habilita al creyente a vivir más consci-
> ente de lo invisible con mayor convicción y claridad.
>
> La gracia del evangelista habilita al creyente a ver el valor
> de una alma y cumplir de una manera efectiva la comisión
> de hacer discípulos.
>
> La gracia del pastor habilita al creyente a cuidar de las
> necesidades de otros y servirles con la eternidad en mente.
>
> La gracia del maestro habilita al creyente a acercarse a la
> Palabra del Dios con diligencia y pasión para que puedan
> comprender y comunicar claramente la verdad de Dios en
> el amor.

El propósito de los cinco dones ministeriales es que todos capaciten al
creyente para que funcione debidamente una manera que es consistente
con la gracia para el oficio que tienen.

LA TRAVESÍA

La declaración profética en Efesios 4:13 es clara: *"hasta que lleguemos a."*

Es crítico que veamos y comprendamos la palabra *hasta*. Jesús puso algo en marcha que no se detendrá *hasta*. En otras palabras, el funcionamiento de estos dones en particular no cesará hasta que hayan cumplido el propósito previsto de Dios.

La travesía de *hasta que lleguemos a* es muy parecida a un tren en una vía de ferrocarril; no lo puedes detener. Hasta puedes ir hacia atrás, pero no puedes cambiar la dirección de las vías mismas. Todos estamos en un viaje; una travesía—en una vía de ferrocarril por así decirlo, y es para llevarnos al lugar donde llegaremos a (obtener) algo que es valioso para Dios. Su deseo es que el pueblo de Dios demuestre la maravilla y la belleza de la persona de Jesús, nuevamente, mundialmente. Esto es algo donde Dios será glorificado: la Iglesia, funcionando en cooperación y alineación perfecta con la cabeza, Jesucristo.

El primer destino mencionado en esta travesía es la *unidad de la fe*. La unidad no es uniformidad. De hecho, la unidad por naturaleza solo es completa cuando hay diversidad. Se hace posible en la gloria, que es la presencia manifiesta de Jesús. (Ver Juan 17:22.) La unidad bíblica es humanamente imposible. Su meta es la unidad de la fe, no la unidad de la doctrina. Uno de los grandes sueños de la Iglesia es que funcionemos como una en nuestra expresión de fe de la manera que lo hizo Jesús, exactamente. Recuerda, Jesús estableció el patrón para lo que es valioso para el Padre. La unidad de la fe es para revelar y reforzar aquello que Jesús estableció como la forma en que "desempeñamos" la vida, la forma en que desempeñamos el ministerio.

El segundo paso en esta travesía es *el conocimiento del hijo de Dios*. ¿Te puedes imaginar tener a todos los creyentes con las mismas, y/o percepciones y perspectivas complementarias de Jesús, el Hijo de Dios? Ésta es la ambición del padre, porque si nos equivocamos en esa sola realidad, afecta a todo lo demás. Si lo vemos más claramente, lo adoraremos más extravagantemente. Es automático. Y siempre llegamos a ser lo que adoramos. Se tiene que ver a Jesús por como Él es, acertadamente, por toda persona que tiene la salvación en Su nombre. La semejanza a Cristo es el resultado del *conocimiento del Hijo de Dios*. Sin este solo avance, nunca podremos *re*-presentar a Jesús de manera perfecta. Él es el deseo de las naciones, y sin una clara manifestación de quién Él es, las naciones nunca encontrarás su propósito y destino en Él. Encontrarlos es el resultado del conocimiento del Hijo de Dios.

EL GRAN FINAL

La meta del Padre va mucho más allá de lo que jamás tendríamos la fe suficiente para pedir, o la inteligencia para percibir. Él nos ha puesto en un camino que nos lleva a ser un *hombre maduro*. El plan del Padre es convertirnos (todos los creyentes) en un hombre maduro, singular. Todo el cuerpo de muchos miembros debe funcionar como uno, bajo la cabeza, Cristo Jesús. Y a través del cuerpo maduro de creyentes que cubren la tierra, Jesús es revelado de nuevo. Ésta es la medida de la estatura que pertenece a la plenitud de Cristo.

Quiero que imagines algo, pero esta vez imagínalo como un soñador: la Iglesia, el Cuerpo de Cristo, ascendiendo a un lugar de pureza y poder, en unidad, hasta el punto de que tengamos la apariencia de un hombre maduro. La casa de Dios siempre está diseñada para estar llena de gloria. Cuanto más cuando es la casa que Él está edificando. La Iglesia. La belleza de esa unidad debe incluir iglesias litúrgicas con iglesias pentecostales, a la iglesia segura en la calle principal de los pueblos de América, hasta la Iglesia perseguida en lugares por todo el mundo. Somos un cuerpo y miembros el uno del otro. Así es cómo Él nos describe. Es hora de que seamos en función lo que Él dice que somos por nuestra posición. Tiene que ser posible este lado del Cielo, o las instrucciones de Pablo no sirven por ahora. ¿Cómo sería para nosotros vivir como un cuerpo coordinado, como el de un atleta, para ilustrar la maravilla de Jesucristo, por medio de la función correcta de Su Cuerpo? No estoy buscando perfección humana. Estoy buscando la perfecta voluntad de Dios. Que esto suceda en todo el mundo es asombroso. Pero es posible porque Él lo declaró. Es su deseo y plan.

Si un *hombre maduro* no fuera suficiente como una meta u objetivo, Él agrega otra capa al decir, *"a la medida de la estatura de la plenitud de Cristo"*. Piensa en ello: el pueblo de Dios, en la tierra, ilustraría completamente y modelaría *la plenitud de Cristo*. Ilustrarlo completamente requerirá a toda la Iglesia, no una sola persona o siquiera una corriente o un movimiento.

BEBE DE SU AMOR

El amor de Dios por nosotros es la realidad única y más grande en nuestras vidas. Y si vivo inconsciente de esta realidad, también viviré demasiado consciente de todo lo que es inferior.

El amor de Dios es un pozo del cual debemos beber continuamente. Nos ayudará a presentar y manifestar más naturalmente a Jesucristo, el Glorioso, más plenamente.

Aquí tenemos otra declaración hecha por Pablo a su grupo maduro de creyentes en Éfeso: "y de conocer el amor de Cristo que sobrepasa el conocimiento, para que sean llenos hasta *la medida de* toda la plenitud de Dios"" (Efesios 3:19). Existen millones de universos en existencia de las cuales ya tenemos conocimiento. Y hay tanto más. Todos están en la palma de Su mano. Mantenlo en mente cuando lees de Su intención de llenarnos con Su plenitud. No es de extrañar que nuestra experiencia sobrepase el conocimiento. En el lenguaje original, este versículo básicamente está diciendo que, "debemos conocer por experiencia, lo que va más allá de la comprensión". Mi corazón siempre me llevará a donde mi cabeza (mente) no pueda encajar.

AVIVAMIENTO, REFORMA Y RENACIMIENTO

Es necesario abordar una última vez estas tres áreas que han sido el tema u objetivo de este libro, pero en esta ocasión a través de los lentes del pasaje de Efesios 4:11-13. Como recordatorio, no quiero hacer que estas tres realidades sean demasiado rígidas, ya que las consideramos como pasos de progreso. Tienen una superposición natural, y en parte todas se tienen que valorar al mismo tiempo. Para los propósitos del estudio, hablo de cada una individualmente y las paso por un filtro creado por este pasaje: Se nos da *capacitación* para una *función* específica, a fin de tener un *resultado* predeterminado.

El avivamiento nos introduce a la santidad y el poder de Dios. La gracia dada por los cinco ministerios nos equipa para caminar en pureza y a la misma vez demuestra el poder de Dios. Así como la santidad no debe ser experimentado solo por los que tienen un oficio del don de Cristo (uno de los cinco dones ministeriales), tampoco ha sido jamás la intención que el poder solo funcione en las vidas de ellos. Como John Wimber solía decir: "A todos les toca jugar". La función correcta de estos dones en la iglesia nos permite llegar a una unidad en nuestra fe. Y la unidad de fe tiene que derramarse en las calles, ya que el verdadero avivamiento va mucho más allá de las reuniones en nuestras salas de reunión. Eso es lo que sucede cuando todos están equipados para hacer la obra de servicio—la obra de avivamiento. La unidad de fe también tiene que ser para los milagros que traen gloria al nombre de Jesús. Posiblemente esto también sea cómo nos podamos imaginar funcionando más completamente en este papel a medida que modelamos la plenitud de Cristo a través de nuestras vidas. Esto ¿a qué se parece? No estoy completamente seguro. Pero debe cuando menos llevar al frente el hecho de que Jesús sanó y trajo liberación a toda persona que venía a Él necesitando Su toque. Además, Él sanaba y liberaba a toda persona que el Padre le dirigía a hacer. ¿Cómo podríamos manifestarlo totalmente, como Pablo dice, sin incluir esta parte de Su vida? También percibo que para que tengamos éxito en *la medida de la estatura de la plenitud de Cristo*" (Efesios 4:13), necesitaremos encuentros divinos como el que está registrado en la experiencia del Monte de Transfiguración. Hay más de lo que podemos imaginar o pensar en lo que respecta a la plenitud de Cristo.

La Reforma nos introduce al corazón y la mente de Dios. Los dones de Cristo dan gracia al Cuerpo de Cristo, para que llevemos el corazón de Dios por las ciudades y naciones. Con demasiada frecuencia, nuestras metas tienen más que ver con nuestra imagen del éxito como un ministerio o familia eclesiástica, cuando de hecho nuestro éxito es medido por e impacto fuera de nuestras reuniones. En la reforma, las personas tienen permiso para cuidar e interactuar con líderes comunitarios, en todo, desde ser entrenadores para equipos atléticos infantiles hasta postularse para alcalde. La unidad de nuestra debe tener un impacto medible. El punto es, los cinco ministerios son para equipar a las personas para que lleguen a ser la punta de lanza en la reforma de la sociedad. Se tiene que dar permiso, tiene que haber entrenamiento, y las personas tienen que ser liberadas para cumplir su destino, sin que los líderes de la iglesia se sientan inseguros porque no son el centro de todas las actividades cristianas. Cuando creamos una cultura de permiso, liberamos a las personas a soñar de una manera que nosotros mismos nunca soñaríamos. De repente, la sabiduría de Dios se convierte en la parte más transferible de nuestras vidas, al impartir nosotros la habilidad de reinar en vida a todos los que serán inspirados por nuestro ejemplo y nuestra instrucción de la Palabra de Dios. Esta plenitud de Cristo hace que seamos un maravilloso regalo a la ciudad de una forma que ellos valoran. Llegamos a ser como la sal de una comida, en el sentido de que debemos añadir y mejorar el sabor de la comida llamada Redding. (Inserta aquí el nombre de tu ciudad). ¡Nosotros no somos la comida! Realzamos lo que Dios ya ha diseñado que nuestras ciudades y naciones sean. Como líderes, gobernamos para proteger y servimos para empoderar. Esa es la función de los dones de Cristo. Pueden y tienen que dirigirnos a una reforma donde la compasión y la sabiduría de Dios se ven claramente en la manera en que vivimos nuestras vidas.

El Renacimiento nos introduce a la maravilla y belleza de Dios. Una de las partes más tristes de la historia de la iglesia es que vemos que a menudo la parte más estacionaria y estática de nuestra sociedad es la Iglesia, cuyo mantra ha llegado a ser, "Nunca lo hemos hecho de esta manera antes". El cambio es resistido, casi siempre. Es inconsistente con nuestra naturaleza en Cristo que los hijos e hijas del Creador seamos temerosos cuando es el tiempo de crear. Los cinco ministerios de Cristo son para eliminar ese bloqueo en el pensamiento de las personas. El problema por lo general es propagado por los líderes que han llegado a estancarse en su propia travesía de fe. Si no estamos tomando riesgos, probablemente no estamos confrontando nuestra inclinación hacia el estancamiento al buscar la comodidad y la vida fácil como una prioridad. Los dones de Cristo son responsables para equipar e inspirar a las personas a experimentar sus propios jugos creativos. Eso es consistente con la naturaleza de su Padre celestial. Heredaron esto cuando nacieron de nuevo. La creatividad en las artes y los negocios, inventos novedosos, nuevas maneras de educar a los niños, y soluciones creativas para los políticos llamados a servir a la humanidad; todos estos son normales a través de la capacitación adecuada de los santos. El punto es, son los dones de Cristo los que equipan, y dan permiso, visión y gracia divina para llevar a cabo este privilegio divino de añadir nuevamente la belleza y maravilla de Dios a nuestra vida cotidiana y luego, de nuevo al mundo. La plenitud de Cristo es más que significativo. Tiene que incluir la restauración de la maravilla. Hoy muchas personas se preguntan si tendrán un empleo el próximo mes, o si habrá más disturbios en las calles, o posiblemente se pregunten si habrá otra crisis internacional. La belleza y maravilla que nosotros hemos de restaurar a la sociedad les liberará para considerar a Dios, el Padre y sustentador de la vida, el que nos ama incondicionalmente, el que está intensamente comprometido con nuestro bienestar. Él es quien está lleno de maravilla. Contemplarlo se derrama en nuestra fascinación por la belleza y la maravilla de la creación más perfecta de Dios: las personas. Celebrar a la humanidad como una expresión del valor que ponemos en Dios mismo es vital. Todo lo que Él hizo, lo reconoció como bueno. Pero después de crear al hombre, dijo que era "muy bueno". Por supuesto, las personas tienen que nacer de nuevo. Ese es el premio. Pero las personas tienden a ya saber lo que está mal con sus vidas. Lo que no saben es cómo Dios los diseñó para Su gloria. Lo que no saben es que esta vida maravillosa es el comienzo de la eternidad, donde disfrutaremos de Su gobierno, tan lleno de gracia, para siempre. Jesús murió brutalmente para hacer posible la maravilla eterna.

EL CRESCENDO

Dios revela lo que es posible mientras vivamos, solo para causar que tengamos hambre. Las personas hambrientas impondrán restricciones a sí mismos equivalentes a su hambre. La ausencia de hambre por Su voluntad en la tierra nos hace vagar descuidadamente, sin restricciones.

> *Donde no hay visión, el pueblo se extravía; ¡dichosos los que son obedientes a la ley!* (Proverbios 29:18 NVI).

Visión aquí significa percepción profética en cuanto al corazón y la mente de Dios. Es un vistazo a Su voluntad, o más específicamente a Su sueño o deseo. La implicación es que si tengo un vistazo profético a lo que Dios desea hacer, llegaré a tener hambre por ello. Es mi naturaleza responder de esa manera. Y en esa hambre, me impondré restricciones para entregarme totalmente a lo que Dios ha prometido. Las restricciones no son castigos, ni lo es el enfoque en lo que no podemos tener. La determinación de este momento está tan enfocado en el corazón de Dios en cuanto a algún asunto, que apartamos nuestros esfuerzos y energías de las cosas inferiores para que nos podamos entregar completamente a esto solo: el deseo de Dios. Él es digno de cada parte de nuestro corazón, mente, fuerza física, y fe no contaminada.

Los derramamientos del Espíritu Santo nos hacen más completos en todos los sentidos. Fuimos diseñados para vivir en esa gloria. La capacitación que experimentamos de los dones de Cristo nos lanza a un propósito triunfante en esos derramamientos, a medida que aprendemos a ilustrar al Cristo resucitado en todo lo que decimos y hacemos. Este proceso acumula fuerza, pureza, autoridad, fe y gran unidad. El impacto de nuestra vida en Cristo cambia cómo las personas en nuestro derredor piensan y lo que valoran. En estas temporadas la cultura misma es transformada porque los valores y los apetitos de los ciudadanos cambian. El cambio ocurre desde dentro. Y en ese clima, se restaura el clima creado por Su presencia manifiesta sobre Su pueblo liberado, la belleza y la maravilla.

*Por tanto, nosotros todos, mirando a cara descubierta como en un espejo la gloria del Señor, somos **transformados de gloria en gloria** en la misma imagen, como **por el Espíritu** del Señor* (2 Corintios 3:18 RVR60).

Tener hambre por cualquier cosa menos que vivir en Su gloria, es conformarnos con menos el diseño divino. Jesús está regresando por una iglesia gloriosa; una iglesia de presencia, ilustrando la realidad del Cielo aquí y ahora. Ésta es nuestra hora para pararnos en la gloria de Dios y ver lo que puede ser posible en nuestras vidas... que lleguemos a ser un **hombre maduro.**

SOBRE BILL JOHNSON

BILL Johnson es un pastor de quinta generación con una rica herencia en el Espíritu Santo. Bill y su esposa, Beni, son los líderes principales de la Iglesia Bethel en Redding, California, y sirven a un número creciente de iglesias que participan con otras denominaciones, demuestran poder y se asocian para el avivamiento. La visión de Bill es que todos los creyentes experimenten la presencia de Dios y operen en lo milagroso, como se expresa en su libro más vendido *Cuando el Cielo invade la tierra*. Los Johnson tienen tres hijos y once nietos.

NOTAS PERSONALES

Lightning Source UK Ltd.
Milton Keynes UK
UKHW010649240921
391121UK00012B/750